알기 쉬운
경제학

알기 쉬운 경제학

초판 1쇄   2019년 03월 22일

지은이   김경진
발행인   김재홍
교정·교열   김진섭
마케팅   이연실

발행처   도서출판 지식공감
등록번호   제396-2012-000018호
주소   경기도 고양시 일산동구 견달산로225번길 112
전화   02-3141-2700
팩스   02-322-3089
홈페이지   www.bookdaum.com

가격   15,000원
ISBN   979-11-5622-435-8 03320

CIP제어번호   CIP2019004587
이 도서의 국립중앙도서관 출판예정도서목록(CIP)은 서지정보유통지원시스템 홈페이지(http://seoji.
nl.go.kr)와 국가자료공동목록시스템(http://www.nl.go.kr/kolisnet)에서 이용하실 수 있습니다.

경제를 모르고 지금까지 어떻게 살았을까?

알기 쉬운 경제학

김경진 지음

경제학?
이 책 하나로 딱!

지식공감 도서출판

경제학이라고 하면 수학기호와 그래프를 떠올리는 독자가 많을 것이다. 필자 역시 경제학은 수학과 그래프로 설명되는 아주 지루한 학문이라고 생각했다. 게다가 경제학 공부를 하면 할수록 이 내용들이 우리 삶에 별로 연관되어 있지 않아 보였다. 다행히 미시경제학은 우리의 선택에 대해서 나름 체계적으로 정리된 것처럼 보였다. 경제이론을 우리 인간생활에 대입하면 대략 맞는 결과가 나왔다. 그러나 거시경제 분야로 가면 인플레이션, 금리, 경기, 재정정책, 통화정책, 환율 등 친숙한 경제용어가 나오지만 경제이론들이 모든 경우에 적용되지는 않았다. 경제를 공부하는 사람들도 고전학파, 케인즈학파, 신고전학파 등 다양하게 나뉘었고 그들이 연구하는 경제가 서로 왜 다른지 알기도 어려웠다.

그럼에도 불구하고 꾸준히 공부하고 경제이론들을 일상생활에 적용해 보니 경제이론이 우리의 일상생활을 예측하고 우리를 좀 더 윤택한 삶으로 이끌 수 있다는 확신이 들었다. 일반인들의 눈높이에서 경제가 어렵고 재미없는 것은 경제 그 자체의 문제가 아니라 경제를 설명하는 사람의 문제라는 생각이 들었다. 경제학은 사람의 심리를 반영하고 그 결과 사람의 행동을 예측할 수 있는 학문이다.

이 책에서는 미시경제, 거시경제, 국제경제, 경제성장론, 게임이론까지 경제학의 모든 분야를 이론보다는 우리가 실생활에서 쉽게 접할 수 있는 주제를 중심으로 이야기를 통해서 풀었다. 경제학에 대해서 배경지식이 없는 독자라도 경제가 무엇을 공부하고 어떻게 일상생활에 활용되는지 재미있게 알 수 있을 것이다. 특히 기존의 경제학 서적과 다르게 필자의 일상생활에서 나온 경험과 경제이론을 접목하여 기술하였기 때문에 경제학을 공부한다는 생각보다는 재미있는 수필을 읽는다는 생각이 들 것이다. 나아가 매일 뉴스에 나오는 주식, 환율, 경제성장률, 금리, 무역전쟁 등 다양한 경제뉴스를 쉽게 이해할 수 있을 것이다. 특히 무엇이 보수이고 무엇이 진보인지 경제학의 관점에서 설명하였다. 책을 읽고 나면 독자 누구나 경제학에 대해서 자신만의 세계를 갖게 되어서 누구와도 쉽게 경제라는 주제를 가지고 이야기할 수 있을 것이다.

본문에서 왜 정권이 바뀔 때마다 경제정책이 바뀌는지 설명하였다. 보수정권과 진보정권의 차이가 무엇인지 경제적인 관점에서 설명하였다. 부자증세를 외치는데 말은 부자증세이지만 현실에서 우리는 왜 세금을 더 많이 내야 하는지 알 수도 있다. 금연을 위해 담배에 부과되는 세금을 많이 올렸지만 그 효과가 있었는지, 미−중 무역전쟁이 왜 우리에게 중요한지, 환율은 우리의 일상생활에 어떤 영향을 주는지 등 이러한 생활 속의 사건을 경제학적인 관점에서 기술하여 이것들이 어떤 의미로 우리 일상생활에 다가오는지 알 수 있게 하였다.

경제학은 어려운 것이 아니라 우리의 행동을 정형화해서 이를 통해 어떤 규칙을 찾으려는 학문이다. 경제학은 곧 우리 자신을 이해하는 학문이다. 이 책을 통해서 독자들이 세상에서 일어나는 일들을 해석하고 어떤 일이 발생할지 예측할 수 있는 도구가 되길 희망한다. 나아가 자기 자신이 어떤 존재인지 생각하는 계기가 되길 바란다.

이 책이 나올 수 있도록 많은 공부를 하신 애덤 스미스, 밀 스튜어트, 존 메이너드 케인즈, 폰 노이만, 존 내쉬, 로버트 솔로우 등 선배 경제학자들에게 고마움을 전하고 싶다. 지금 이 순간에도 인간에 대한 사랑으로 창원대학교 연구실에서 밤새며 노력하고 있는 표

알기 쉬운 경제학

동진 같은 경제학자에게도 고마움을 전하고 싶다. 이들이 있어 이 책이 나올 수 있고, 이들이 있어 우리 인간은 우리에 대해서 좀 더 체계적으로 알 수 있게 되었다. 원고를 보시고 출간을 결정하신 지식공감의 김재홍 대표님과 편집을 하시느라 고생하신 김진섭 편집자님, 다양한 삽화를 보기 좋게 구성해 주신 이근택 디자이너에게도 고마움을 표시한다. 멀리 시카고에서 저자를 응원해준 이보경, 윤영진 부부에게도 각별한 감사를 표한다. 특히, 원고가 나올 때마다 독자의 시각에서 읽고 비평해준 아내 이선아에게 가장 큰 고마움을 느낀다. 필자의 아들로 태어나 필자에게 세상사는 재미를 알게 해준 아들 윤재에게도 늘 사랑하고 윤재가 이 책을 재미있게 읽는 날을 상상해 본다.

2019년 3월
김경진

차례

알기 쉬운 **경제학**

경제학은
무엇인가?

사춘기를 겪으면서 나는 '내가 왜 살아야 하지?'라는 질문에 대해서 자주 생각을 했다. 이 물음에 해답을 얻기 위해 친구, 선생님, 부모님과 많은 이야기를 했지만 명확한 답을 찾지 못하고 어른이 되고 한 가정의 가장이 되었다. 가장이 된 후에도 '내가 왜 살아야 하지?'에 대한 물음이 문득 내 가슴속에서 일어났다. 그러나 나는 그에 대한 답을 할 수 없었다.

내가 미국에서 공부할 때 우리 가족은 텍사스 오스틴 외곽에 있는 물놀이 공원에서 여름휴가를 즐겼다. 한겨울에도 반바지를 입고 다닐 정도로 따뜻했기에 그곳에서 나는 여름을 제대로 느꼈다. 우리는 밤 8시까지 수영을 하며 놀았다. 집으로 돌아오는 차 안에서 백미러를 통해 뒷자리를 보니 아이들은 피곤해서 깊은 잠에 빠져 있었다. 아내는 조수석에서 고객을 끄덕이며 졸고 있었다. 고속도로는 퇴근길 차량으로 가득했고 라디오에서는 음악이 흘러나왔다.

난 그 순간 말로 표현할 수 없을 정도의 행복감을 느꼈다. 비록 공부하면서 모아놓은 돈의 대부분을 썼고, 학위를 받더라도 돌아갈 곳이 정해지지 않아 불안한 하루하루를 보냈지만 그 순간은 옆 차에 있는 미국인 가족처럼 직업이 있고 아이들과 같이 즐거운 한때를 보낸 평범한 가장이라는 착각이 들었다. 동시에 늘 고민해 왔던 '내가 왜 살아야 하지?'에 대한 답을 찾았다. 내가 살아야 하는 이유는 나를 믿고 미국까지 와 준 조수석의 아내와 아버지를 믿고 세상에서 가장 평화롭게 잠을 자는 뒷좌석의 아이들 때문이다. 나는 최소한 그들을 행복하게 해 줄 의무가 있고 그것이 내가 살아야 하는 이유 중의 하나라는 것을 깨달았다.

나의 가족들이 행복하기 위해서 필요한 것은 무엇일까? 건강, 화목한 가정, 교우 관계 등 여러 가지가 있겠으나 가장 기본이 되는 것은 경제적 안정이다. 경제적 기반이 안정이 안 된 상태에서 행복을 느끼기 어렵고, 설사 행복을 느낀다 해도 그 행복은 순간적일 것이다. 경제적 안정을 얻기 위해서 우리는 경제를 알아야 한다. 적을 알고 나를 알면 백전백승할 수 있듯이 행복을 알기 위해서는 행복의 기본 전제가 되는 경제를 알아야 한다. 1장에서는 경제학을 통해 무엇을 배우는지 살펴보겠다.

경제학은
무엇을 공부하지?

　경제를 영어로 말하면 Economy이며 그 어원은 그리스어의 Oikonomos이다. Oikonomos는 가계를 꾸려가는 사람이라는 뜻이다.[1] 경제는 한 집안의 가장이 해야 할 일들을 말한다. 한 집안의 가장은 집안에서 책임과 권리가 가장 많은 사람이다. 전통적인 관점에서 우리들의 아버지들이라고 볼 수 있고 현대 사회에서는 남녀 구분 없이 가계를 운영하는 사람이다. 이는 단순히 돈을 벌어오는 사람만이 아니라 그 돈을 소비하는 사람까지 포함한다.

　아버지가 직장에서 월급을 벌어 오고 어머니가 그 월급으로 생활한다면 혹은 그 반대라면 그 두 사람 모두가 집안의 가장이다. 우리 집을 예로 들면 나는 직장을 다니고 아내는 살림을 도맡아 한다. 나는 여러 가지 일 중에서 사무직 일을 선택했고 많은 회사 중에 지금 다니는 회사를 선택했다. 여러 가지 대안 중에 나에게 혹은 우리 가족에게 가장 좋은 대안을 선택한 것이다. 경제학은 우리들이 가장

---

1) 『맨큐의 경제학』, 그레고리 맨큐 저

합리적인 선택을 할 수 있도록 도와준다. 내가 지금보다 여가시간은 많지만 월급이 적은 직장을 선택했다면 어땠을까?

시간이 많아서 아이들과 놀아주고 아내와 여가시간을 더 많이 가졌을 것이다. 그러나 자녀들이 새로운 아이폰을 사 달라고 할 때나 베트남 다낭으로 여행을 가자고 할 때 난 그럴 수 없다고 했을 것이다. 나는 여가시간과 자녀들을 좀 더 좋은 환경에서 양육할 수 있는 선택의 사이에서 여가시간을 포기하고 자녀들에게 물질적으로 더 많은 것들을 해 줄 수 있는 방법을 선택했다. 아마도 지금보다 20년이 젊었더라면 반대의 선택을 했을 것이다. 유학시절 내내 빈곤하게 지내면서 아이들에게 못 해 준 게 너무 많아서 여가시간을 포기하고 더 많은 월급을 택한 것이다.

나에게 직면한 가장 중요한 문제는 선택의 문제이다. 직장생활은 시간을 월급과 교환하는 것이다. 늘 월급날이 되면 나의 시간과 수명을 돈과 교환한다는 생각을 떨칠 수가 없다. 아이들과 아내가 행복하기 위해서 난 나의 시간과 돈을 매달 교환하고 있다. 왜냐하면 그것이 유한한 나의 수명을 가장 합리적으로 사용하는 것이고 이를 통해서 나 역시 행복을 얻기 때문이다.

아내는 어떠한가? 내가 벌어 온 월급을 갖고 얼마를 소비하고 얼마를 저축할지 결정하는 역할을 한다. 아내는 외식을 하는 것과 저축을 하는 것 사이에서 늘 갈등을 한다. 유난히 또래보다 작은 아들을 위해서 아들이 좋아하는 음식을 사 주고 싶지만 우리 가족 전체

알기 쉬운 경제학

를 위해서 저축도 하고 싶어 한다. 과연 아내는 어떤 선택을 할까? 아내는 일주일에 한 번 하는 외식 대신 한 달에 한 번 하는 외식을 선택했다. 일주일에 한 번 하는 외식은 너무 비용이 크기 때문이다. 즉 한 달에 한 번만 외식하면 20만 원의 저축을 할 수 있기 때문에 20만 원과 매주 외식하는 것과의 비용, 편익을 분석해서 20만 원을 저축하는 것으로 선택했다.

아내는 늘 돈을 쓰면서 이 돈을 안 쓰면 어디에 쓸지를 고민한다. 아이들을 학원에 보낼까? 학원에 안 보내면 그 돈을 어디에 쓸까? 지금 목이 마른데 물을 살까? 시원한 아이스 커피를 마실까? 늘 돈을 쓰면서도 어디에 쓸지를 고민한다. 아내는 항상 돈을 쓸 때 이 돈을 다른 곳에 썼더라면, 이라는 가정을 하고 쓴다. 이것이 경제학에서 말하는 기회비용이다. 주머니에 5천 원이 있는데 한여름 아이들이 학교가 끝나고 집에 와서 시원한 음료수를 마실 수 있도록 음료수를 구입할지 스타벅스에서 시원한 아이스 커피를 마실지 고민하다가 아이들을 위해서 음료수를 구입한다. 왜냐하면 그것이 아내 입장에서는 가장 만족감을 크게 주는, 즉 기회비용이 가장 높은 대안을 선택하는 것이기 때문이다. 이를 통해서 아내는 아내 나름대로 행복감을 느낀다.

할아버지는 놀음을 좋아했다. 아버지 이야기를 들으면 할아버지가 상당한 재력가였는데 술과 놀음을 하면서 그 많은 재산을 다 탕진했다고 했다. 어려서 이 이야기를 들었을 때는 이미 돌아가신 할

아버지가 너무 원망스러웠다. 그러나 커서 다시 할아버지에 대해서 생각하면 할아버지 마음도 이해가 갔다. 할아버지는 아버지, 고모, 할머니의 생활보다 술을 마시고 놀음을 하는 것이 더 좋았기 때문에 할아버지 입장에서는 나름대로 합리적인 선택을 한 것이다. 그러나 그 선택으로 인해서 아버지는 학업을 제대로 마치지 못하고 생계 전선에 뛰어들어 평생을 일만 하시고 지금은 안 아픈 데가 없어서 매일 병원에 다니시고 있다.

경제학이 많이 복잡한 것처럼 보이지만 경제학은 가장 합리적인 선택을 할 수 있도록 도와준다. 이 책을 통해서 독자들도 합리적인 선택을 해서 행복의 필요조건인 경제적 안정을 얻기 희망한다. 특히 어린 자녀가 있는 독자라면 '아이들은 돈을 먹고 자란다.'라고 말해 주고 싶다. 마치 식물이 많은 비료를 흡수하고 성장하면 튼튼하게 성장하는 것처럼 많은 돈을 먹고 자란 아이가 더 튼튼하고 건강한 아이가 될 가능성이 높다.

가격과 가치

첫 번째 미국 유학이 실패로 끝났음에도 난 두 번째 유학을 선택했다. 처음의 실패로 인해서 또 실패할까 봐 너무 두려웠다. 그럼에도 불구하고 과감하게 두 번째 미국 유학에 올랐다. 첫 번째 유학생활이 나에게는 매우 힘들었는데 아내와 아이들은 나만큼 힘들지 않은 것 같았다. 오히려 미국생활을 즐기는 것처럼 보였다.

소시민일지라도 미국 내 2등 국민일지라도 아이들이 미국생활에 만족해하고 행복해하기 때문에 아내는 우리 가족이 미국에서 살기를 간절히 원했다. 나 역시 그런 아내의 기대를 저버리기 어려워서 40이 다된 나이에 다시 미국 유학길에 올랐다. 이번 유학 목표는 너무나 단순했다. 미국 회사에 취직해서 합법적인 방법으로 미국에서 체류하자는 명확한 목표를 갖고 있었다.

이런 목표를 갖고 이를 달성하기 위해 난 수천 개의 직장에 지원하고 수백 번의 인터뷰를 보았다. 학기 중에도 취업박람회를 쫓아다녔고 매일 밤 영어 인터뷰 연습을 했다. 회사 스폰서로 유학 온 친구들이 골프를 치는 시간에 나는 비굴한 웃음을 지으며 혹시라도 인사팀에 추천해줄까 싶어서 미국 동문을 만나고 맘에 없는 말들을 하곤 했다. 그리고 그 만남 뒤에는 꼭 내 이력서를 쥐여주며 연신 'I appreciated.'를 외쳤다.

여름방학에는 최저임금을 받고 여름 인턴십을 하면서 혹시나 나의 상사가 채용해줄지 모른다는 기대감으로 그에게 잘 보이기 위해서 야근도 하고 그가 좋아하는 선물도 해 주고 그가 주최하는 회식 자리에는 빠짐없이 참석하며 항상 '난 준비된 인재야.' '내가 너를 위해 영혼이라도 바칠 수 있어.'라는 메시지를 보내곤 했지만 여름 인턴이 끝나고 그에게 돌아온 대답은 'Kyungjin, You are good person, but I am sorry. We don't have any hiring plan at this moment'이라는 상투적인 대답이었다.

유학 기간 2년 동안 평생직장을 얻기 위해 가장 많은 노력을 했으나 소득 없이 졸업했다. 5월의 세인트루이스는 너무도 맑고 졸업식장에서는 새로운 출발로 다들 들떠 있었으나 내 마음은 지난 가을, 토네이도가 올 때처럼 불안하고 무서웠다. 2년 내내 할 수 있는 모든 노력을 했지만 외국인에게 주는 취업비자의 문은 너무 좁았다. 늘 인터뷰 말미에는 취업 비자가 필요하다는 나의 말에 인사담당자는 늘 미안하다고 하며 인터뷰가 끝났다.

취업비자로 인해서 고통받는 와중에 인턴을 했던 곳에서 연락이 왔다. 6개월간 최저임금으로 근무하면 취업비자를 주는 것을 고려해 보겠다는 것이다. 난 그 회사에 인턴으로 근무하면서 정직원 중에 외국인을 본 적이 없었다. 모든 외국인은 여름에 저렴하게 일을 시킬 수 있는 인턴뿐이었다. 그래서 그곳에서 온 제의가 거짓이라는 것

　　　　　　　　　　　　　알기 쉬운 경제학

을 알고 씁쓸한 느낌을 지울 수 없었다.

하루는 한인 교회의 어떤 한국인이 자신의 아들이 군대에 가서 시민권도 받았다고 말하는 것을 들었다. 한국어를 하는 사람이 미군에 필요하다고 하였다. 나는 모병관을 만나서 미군에 이등병으로 입대하는 것을 상의했다. 미군에 입대하면 4년간 의무 복무를 해야 했고 1년은 전투지역으로 파병을 가야 했다. 이 말을 듣고 아내는 전투지역에서 죽을 수도 있는 거 아니냐며 나를 한사코 말렸다. 그날 아내는 잠도 못 자고 옆에서 울기만 했다.

그런 아내를 보며 입대하면 6개월 이내에 우리 가족에게 합법적으로 미국에서 체류할 수 있는 권리가 주어지고 1년에 기본급으로 3만 불을 받을 수 있는 조건이기 때문에 우리 가족을 위해서 충분히 감내할 수 있다고 하였다. 그리고 한국에서 군생활을 해서 충분히 잘할 수 있다고 아내를 안심시켰다.

입대를 하기 위해서는 체력 테스트와 영어 테스트를 봐야 했다. 영어에는 자신이 있었지만 체력 테스트에서 불합격할까 봐 당장 헬스클럽을 등록했다. 오래달리기, 푸시업 등 매일 두 시간 넘게 체력 훈련을 했다. 모든 준비가 다 끝나고 시험을 보기 위해서 지원서를 쓸 때 내 생년월일을 보고 모병관이 나이가 너무 많아서 입대가 안 된다고 했다. 입대일을 기준으로 만 34.5세가 넘으면 입대 불가능이라고 했다. 순간 다리에 힘이 풀리고 아무런 말도 하지 않고 집에 왔다. 아내는 내 말을 듣고 한편 다행이라고 생각했다.

이후에도 매일 같이 이력서를 쓰고 'I am sorry.'라는 이메일을 받으며 지냈다. 더 이상 미국에 있는 건 시간 낭비라는 생각이 들었고 아내와 의논 끝에 귀국하기로 하였다. 귀국하는 날 아침에도 혹시나 하는 마음에 어느 대학 병원의 인터뷰를 보고 한국행 비행기에 몸을 실었다. 나의 두 번째 도전도 결국 실패로 끝났다.

물론 취업비자 이외에도 미국에서 합법적으로 체류할 수 있는 방법은 있다. 우리나라 돈으로 약 6억 원을 미국에 투자하면 영주권을 주는 투자이민제도가 있었다. 그러나 나에게는 그런 큰돈이 없었다. 그런 돈만 있었더라면 미국에 투자했을 것이다. 만약 당신에게 6억 원이라는 돈이 있다면 미국 영주권을 얻기 위해 그 돈을 쓸 것인가? 많은 사람은 6억 원을 쓰면서 미국 영주권을 얻으려 하지 않을 것이다. 지금 나에게 6억 원이 있다면 미국으로 투자 이민을 갈 것인가를 물으면 난 '아니오.'라고 이야기할 것이다. 지금 아이들은 한국생활에 적응하고 행복하게 지내기 때문이다.

미국 영주권의 가격이 6억 원이지만 과거의 나처럼 이를 기꺼이 지불하고 미국 이민을 선택하는 사람이 있을 것이다. 이 사람들은 미국 영주권의 가치가 6억 원 이상이라고 생각하는 사람이다. 반대로 지금의 나처럼 미국 영주권에 6억 원을 지불하지 않는 사람은 미국 영주권의 가치가 6억 원보다 낮다고 생각하는 사람이다.

시장에서 거래되는 모든 제품과 서비스는 가격이 있다. 그 거래가 성립하기 위해서는 그 제품이나 서비스로 얻는 가치가 그 가격보다 커야 한다. 가격은 객관적으로 시장에서 확인할 수 있는 것이고 가치는 그 제품과 서비스를 사용하면서 얻는 주관적인 만족이다.

알기 쉬운 경제학

시장에서 거래가 이루어지기 위해서는 늘 가치가 가격보다 커야 한다. 그러나 순간적으로 가치가 가격보다 크다고 느껴질 수 있다. 왜냐하면 가치는 사람마다 다 다르기 때문이다. 생수 한 병이 한여름 뙤약볕에서 일을 하고 온 농부에게 더 할 수 없는 가치이지만 에어컨 밑에서 긴팔을 입고 근무하는 사람에게는 별 가치가 없는 물건이다. 독자 여러분도 경제 활동을 하면서 과연 내가 소비하는 제품이나 서비스가 가격 이상의 가치를 나에게 주는지 되묻고 신중하게 소비를 하길 바란다.

1998년 500원짜리 동전이
비싼 이유

우리가 매일 사용하는 500원짜리 동전은 1982년에 처음 발행되었다. 500원짜리는 구리 75%와 니켈 25%를 사용하여 만들었다. 지름은 26.5밀리이고 무게는 7.7그램, 앞면에는 두루미가 있다. 발행 첫해에는 15백만 개가 발행되었고 둘째 해에는 64백만 개가 발행되었다. 매년 차이는 있지만 적게는 2천여만 개, 많게는 9천여만 개의 500원짜리 주화가 매년 발행되었다. 그러나 1998년 외환위기로 인해서 경제가 어려워서 증정용으로만 8천 개가 발행되었다. 평소보다 극단적으로 적은 양의 주화가 발행되어 동전 수집가들 사이에 500원짜리 동전은 매우 가치 있는 동전이 되었다. 동전의 보관 상태에 따라 적게는 수십만 원에서 많게는 100만 원에 거래된다.

1998년 500원짜리 동전이 수천 배의 가치를 가질 수 있는 것은 그 희소성 때문이다. 경제에서 희소성은 매우 중요하다. 앞서 이야기

알기 쉬운 경제학

했듯이 우리 인간의 욕구는 무한하지만 우리가 가진 자원은 유한하기 때문에 우리는 선택을 해야 하고 그 선택의 기준은 희소성이다. 자연계에 많이 존재하는 물질은 상대적으로 가격이 낮고 자연계에 적게 존재하는 물질은 상대적으로 가격이 높다.

우리가 숨을 참을 수 있는 시간은 불과 10분도 채 안 된다. 공기가 지구에서 1시간만 없다면 우리 인간은 모두 사라질 것이다. 공기는 우리의 생존을 위해서 매우 가치 있지만 누구나 쉽게 공기를 마실 수 있고 이에 대한 제약이 없기 때문에 공기의 가격은 매우 낮다. 그러나 다이아몬드는 어떠한가? 다이아몬드는 공업용으로 절단기에 많이 사용되지만 일상생활에서는 결혼식 때 반지의 용도 외에는 잘 사용되지 않는다. 그럼에도 불구하고 다이아몬드 1캐럿의 가격은 380만 원 수준이다. 다이아몬드가 없어도 우리의 일상생활은 전혀 불편하지 않지만 그 희소성 때문에 다이아몬드는 매우 비싸게 거래가 된다.

금이나 다이아몬드는 왜 자연계에 적게 존재하고 철 같은 광물은 왜 자연계에 많이 존재하는 것일까? 우리 태양계를 유지하고 지탱하게 해 주는 것은 태양이다. 태양은 우주에서 가장 가벼운 원자인 수소로 구성되어 있다. 태양 내부의 온도와 압력이 너무 높아서 수소끼리 결합해서 우주에서 두 번째로 가벼운 원자인 헬륨을 만든다. 이렇게 원자끼리 결합하는 것을 핵융합이라고 하고 그 과정에서 많은 에너지가 생성된다. 앞으로 수십억 년의 시간이 흐르면 수소를 다 사용해서 헬륨끼리 결합해서 헬륨보다 더 무거운 원소를 만들 것이다. 태양은 이렇게 핵융합 반응을 하면서 수명을 유지한다. 태양의 수명이 다하면 태양은 서서히 사라질 수 있다. 이 과정에서 철 같은 다소 무거운 원소들이 만들어진다. 그러나 태양이 갑자기 펑 하고 터지면서 하루 아침에 생을 마감할 수 있다. 이러한 현상을 초신성 폭발이라고 부르고 그 과정에서는 금 같은 매우 무거운 원소들이 만들어진다. 초신성 폭발은 흔한 천체 현상이 아니다. 그래서 금도 흔하게 발견되지 않는 것이다.

우리는 희소한 것들을 좋아하고 그것에 대해서 많은 가치를 부여한다. 취업 준비생들은 회계사 자격증 혹은 기사 자격증을 취득해서 자신이 좀 더 희소한 지원자라고 회사에 이야기하려고 한다. 왜냐하면 자신이 희소하면 자신들의 몸값이 더 오르기 때문이다. 대학원에서 석사, 박사 학위를 따는 것 역시 희소한 학위를 따고 이를 통해 자신의 가치를 더 높게 만들려고 한다. 서울대를 가려고 하는 이유도 서울대라는 희소성 때문에 자신의 가치를 더 높게 인정받을 수 있기 때문이다.

이 책을 읽는 독자들은 서울대를 졸업하지도 않고 회계사, 기사 자격증도 없고, 석사나 박사 학위도 없는 사람이 더 많을 것이다. 그러면 이 책을 읽는 독자는 희귀하지 않아서 가치가 없을까? 눈을 감고 생각해 보자. 지구상에서는 70억 명의 사람이 살고 있다. 당신과 동일한 사람이 그 70억 명 중에 몇 명이 있을까? 일란성 쌍둥이라고 할지라도 그 쌍둥이들은 똑같지 않다. 세상에 똑같은 사람은 존재하지 않는다. 이 책을 읽는 당신이야말로 이 우주에 단 하나뿐인 소

알기 쉬운 경제학

중한 존재이다. 매일 자신의 존재의 소중함을 알고 이 세상 그 무엇과도 바꿀 수 없다는 것을 알았으면 한다. 당신은 전 우주를 통해서 그리고 우주의 130억 년의 역사 속에서 단 하나뿐인 가장 희귀한 존재이며 가장 소중한 존재이다.

개념 정리

- 기회비용

  무엇인가를 선택할 경우 포기해야 하는 것들 중에 가장 큰 것의 가치

- 희소성

  어떤 것을 원하는 사람들의 욕구를 충족시킬 만큼 물건 혹은 자원이 충분히 있지 않은 것

- 편익

  무엇가를 소비하면서 얻을 수 있는 만족

- 비용

  무언가를 소비하면서 지불해야 하는 대가

- 가격

  어떤 물건, 서비스에 대한 금전적 가치

- 가치

  어떤 물건, 서비스에 대한 주관적 가치

알기 쉬운 경제학

작은 정부와
큰 정부

10년 전쯤에 〈웰컴 투 동막골〉이라는 영화를 보았다. 6·25전쟁 중에 북한군 병사와 남한군 병사가 우연히 한마을에서 살게 되었고 그 마을을 전쟁으로부터 보호하기 위해 자신들을 희생하는 영화였다. 내용은 재미있었지만 결말이 슬픈 영화로 기억한다.

그 영화에서 빨갱이라는 말이 자주 등장한다. 남한군 병사들이 북한군 병사를 부를 때 빨갱이라고 한다. 나에게 빨갱이라는 기억은 아주 어릴 때 있었다. 초등학교 때 6월만 되면 반공포스터 그리기 대회를 했고 그때 빨갱이를 알게 되었다. 내가 생각하는 빨갱이는 온몸이 빨갛고 머리에 뿔이 나 있는 늑대였다.

최근 우리나라는 빨갱이라는 말이 일상화되어 있다. 미국에서 귀국했을 때 광화문에는 밤마다 수십만의 인파가 촛불을 들고 모였다. 어떤 사람들은 촛불을 든 사람들을 보고 빨갱이라고 했다. 정말 그들이 빨갱이인지 확인하고 싶어서 아내와 함께 광화문에 갔다. 그들은 내가 생각하는 몸이 빨갛고 머리에 뿔이 난 늑대가 아니었다. 길거리에서 흔히 만나고 같이 지하철을 타고 우리 옆집, 앞집에 사는 그런 평범한 사람들이었다.

사람들은 누구를 빨갱이라고 할까? 나는 정치에 대해서는 문외한이지만 빨갱이라고 불리는 사람들의 특징은 큰 정부를 원하는 사람들이고 빨갱이라고 외치는 사람들은 작은 정부를 원하는 사람들이라는 것을 안다. 큰 정부와 작은 정부의 차이는 청와대의 크기로 결정되는 것이 아니라 정부가 우리의 일상생활에 얼마나 많이 개입하느냐로 결정된다.

6·25전쟁 이후 우리 역사를 보면 늘 좌익과 우익이 존재했고 지금도 이름은 다르지만 진보와 보수로 서로를 부르고 있다. 진보는 큰 정부 즉 정부가 시장에 적극적으로 개입하는 것을 원하는 것이고 보수는 정부가 시장에 최소한으로 개입해서 시장 스스로 모든 것을 결정하도록 하는 정부를 의미한다. 2장에서는 작은 정부와 큰 정부의 차이에 대해서 알아보겠다.

빨갱이와
파랭이

국어사전에서 빨갱이를 검색하면 공산주의자를 속되게 이르는 말이라고 나온다. 파랭이를 검색하면 나오지 않으나 나의 기억 속에 파랭이는 빨갱이의 반대말로 인식되고 있다. 공산주의자는 어떤 것을 공산주의자라고 하는가? 공산주의는 개인의 재산을 인정하지 않고 공공의 재산으로 인정하는 것이다. 공산주의와 대립되는 개념이 자본주의이다. 자본주의는 개인의 재산을 인정하는 경제체제이다.

우리가 잘 알고 있는 공산주의는 마르크스가 주장한 개념이다. 그러나 인류의 역사를 보면 공산주의가 먼저 태동했다. 역사 기록 이전의 구석기 혹은 그 이전의 시대에 인류는 집단을 구성하며 공동생활을 했다. 공동으로 채집하고 공동으로 사냥을 하면서 그 음식들을 공동으로 배분받으며 생활했다.

문명이 발전하면서 인간은 더 큰 군집으로 살면서 채집과 수렵 대신 농경생활을 하였다. 농사를 짓기 위해서 인류는 많은 인구가 필요했다. 비옥한 토지들은 대부분 큰 강 옆에 있었고 강들은 주기적으로 범람하며 농작물에 많은 피해를 입혔다. 이를 방지하기 위해서 인류는 제방을 쌓아 범람을 막고 저수지를 만들어서 가뭄에도 농사가 가능하도록 하였다. 농사를 지으면서 인간은 채집과 수렵생활을 할 때보다 더 많은 생산량을 얻을 수 있게 되었다. 그 생산량들은 많은 인구를 지탱할 수 있게 되었고 그 결과 인류의 4대 문명은 이집트의 나일강, 메소포타미아의 유프라테스강, 티그리스강, 인더스의 인더스강 황하의 황하강에서 시작되었다.

농경생활로 인해 생산량이 급격히 증가하였고 그 과정에서 이전에는 없던 지배계급과 피지배계급이 생겼다. 지배계급은 생산량의 대부분을 자신들이 소유했고 피지배계급들은 생산량의 적은 부분들만 소유하였다. 문명의 발달로 인해서 인류에게는 자본주의가 태동하였다. 이러한 자본주의를 인류는 부정하지 않고 지속적으로 유지하였다.

알기 쉬운 경제학

그러나 18세기가 되면서 영국에서 산업혁명이 일어났다. 증기기관의 발명으로 사람이 하던 일을 기계가 대체하기 시작하면서 이전과는 비교할 수 없을 정도의 생산성 증대가 일어났다. 미국 남부에서는 목화와 실을 분리하는 계면기를 발명하여 1천 명이 하는 일을 기계 한 대가 수행했다. 과거 농업혁명으로 인해 문명이 발생하고 인류 사회에 막대한 영향을 준 것처럼 산업혁명은 우리 생활에 막대한 변화를 주었는데 사회 계급이 노동자와 자본가로 구분되게 했다. 자본가는 돈을 투자해서 공장을 짓고 운영하고 노동자는 월급을 받으며 그 공장에서 일하였다. 이 과정에서 노동자와 자본가의 갈등은 점점 커졌다. 자본가의 입장에서는 최대한 적은 임금을 주며 많은 일을 시키고 싶어 했고 노동자는 최대한 많은 임금을 받으며 적게 일하고 싶어 했다.

이 힘의 대결에서 승리자는 희소한 사람인 자본가였다. 당시 영국에는 돈을 가진 자본가보다는 노동자들이 더 많았기 때문에 노동자들은 자본가들이 요구하는 대로 할 수밖에 없었다. 이 과정에서 노동자들은 많은 착취를 당했다. 남자들의 경우 일 평균 근로시간이 16시간 이상이었으며 여자들은 하루 약 14시간을 일했다. 어린아이들도 예외는 아니었다. 7살 정도의 아동들도 하루 10시간 이상의 노동을 했고 장시간 노동으로 이들의 척추가 휘고 각종 질병에 시달렸다.

당시 애덤 스미스는 보이지 않는 손이 모든 것을 해결할 것이라고 했다. 노동자의 수요와 공급에 따라 자연히 임금과 노동조건이 결정된다고 보았다. 인간 각자가 갖고 있는 이기심이 자연스럽게 사회 문제를 해결하여 균형을 맞출 것이라고 하였다. 노동문제에서 본다면 열악한 노동 환경이 지속되면 많은 노동자들이 노동을 중단하거나 혹은 많이 사망하여 공급되는 노동량이 줄어들 것이다. 노동 공급량이 줄어들면 자연스럽게 임금도 상승하고 노동 환경도 좋아진다고 하는 것이 당시 자본주의자들이 주장하는 논리였다. 시장은 완벽해서 모든 것은 시장의 보이지 않는 손이 저절로 다 조절한다고 생각하였다.

그러나 시간이 흘러도 시장의 보이지 않는 손은 계속 보이지 않고 노동자들의 삶은 힘들어졌다. 이를 목격한 마르크스는 이러한 사회 체제는 오래도록 유지될 수 없다고 생각하였다. 노동자는 공장에서 물건을 생산하기 위한 도구였으나 공장에서 생산한 제품을 소비하는 소비자이기도 하였다. 그래서 자본가들이 노동자들을 착취할수록 더 많은 물건을 생산하지만 이를 소비해 줄 노동자의 소득이 줄어들어서 자본주의는 결국 파멸할 것이라고 생각하였다. 결국 사회 구성원 모두가 사회 전체의 부를 공동으로 소유하는 공산주의 시대가 올 것이라고 했다. 사회 구성원이 우리 사회의 부를 공동으로 소유하면 인류의 초기처럼 각자의 역할을 정해서 생산물을 공동으로 배분해야 하는 사회가 되어야 한다.

집단의 구성원이 100명 정도의 소규모일 경우 누가 어떤 일을 하고 생산된 생산물을 누구에게 얼마만큼 주는 일은 어렵지 않은 일이다. 그러나 집단의 구성원이 백만 명, 천만 명 이상으로 커지면 각

알기 쉬운 경제학

자의 역할을 지정하고 누구에게 얼마만큼 생산량을 줄지를 계산하는 것은 매우 어려운 일이 되어 버린다. 그래서 이러한 일을 하기 위해서는 커다란 보이는 손이 존재해야 한다. 정부가 이 보이는 손의 역할을 해야 한다.

빨갱이들이 있는 세상에서 정부는 아주 큰 조직이어야 한다. 국민 각자에게 어떤 일을 할지 세세하게 알려 주어야 하고 그 일을 통해서 받는 보상이 누구에게나 동일하게 돌아갈 수 있도록 해야 한다. 옆집에 사는 철수와 나는 같은 강도로 일을 해야 하고 같은 임금을 받아야 한다. 그리고 모든 재산은 공동의 소유이기 때문에 가난에 대해서 누구든 걱정할 필요가 없다.

파랭이들만 있는 세상에서 정부는 아주 작은 조직이어야 한다. 극단적으로 정부가 없어도 될 것이다. 모든 경제활동의 행위들은 시장의 보이지 않는 손이 해결하기 때문에 정부는 필요가 없고 오히려 보이지 않는 손이 작동하는 데 걸림돌이 될 뿐이다. 내가 일한 만큼 임금을 받고 이를 통해서 부자가 되는 것과 가난한 사람이 되는 것은 모두 개개인의 몫이 되는 것이다.

그러나 지금 우리가 사는 세상에서 극단적인 빨갱이와 파랭이를 목격할 수 있나? 절대로 목격할 수 없다. 몇몇 사람들은 북한을 빨갱이 국가라고 부른다. 북한에서조차 사유재산을 인정하고 시장에서 보이지 않는 손이 작동한다. 우리가 사는 이 세상은 파랭이의 세상일까? 우리는 의료보험제도, 국민연금, 실업급여, 노인수당 등 각종 사회보장제도가 있다. 내가 세금을 낸 만큼 혜택을 받는 것이 아니다. 세금을 적게 낸 사람이나 많이 낸 사람이나 국가에서 주는 혜택은 유사하다. 오히려 세금을 적게 내는 빈곤층 사람들이 부유층보다 세금에 대한 혜택은 더 받는다.

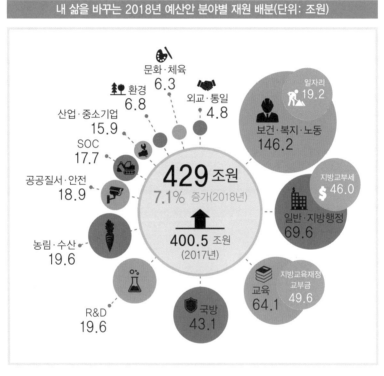

내 삶을 바꾸는 2018년 예산안 분야별 재원 배분(단위: 조원)

출처: 기획재정부

알기 쉬운 경제학

지금 대한민국은 사유재산을 인정하는 자본주의 국가이다. 정치 이념에 있어서 모든 사람이 동일하지 않을 수 있을지라도 우리나라는 자본주의 국가이다. 파랭이가 가득 찬 국가이지만 우리는 빨갱이들이 주장하는 많은 제도들을 도입했다. 특히 2018년 예산안 중에서 복지예산은 146조 원으로 국가 전체 예산 중에 가장 많은 34%를 차지했다.

지구상에서 빨갱이만 가득 찬 곳도 파랭이만 가득 찬 곳도 없다. 대부분의 국가들은 자본주의 제도를 기반으로 자본주의를 보완할 수 있는 공산주의 제도들을 도입하고 있다. 단지 빨갱이는 정치논리를 바탕으로 상대를 공격하기 위한 정치적인 프레임이다.

애덤 스미스가 주장하는 보이지 않는 손은 진짜로 보이지 않을 때가 있다. 이러한 경우 정부가 직접 보이는 손의 역할을 하여 보이지 않는 손이 작동하게 한다. 혹은 보이지 않는 손이 작동할 때까지 많은 국민이 고통을 겪을 수 있다면 정부는 적극적으로 보이는 손을 통해서 시장에 개입한다.

1929년 미국에서는 경제 대공황을 경험했다. 실업률이 30%까지 치솟으며 많은 가장들이 직장을 잃고 실업자로 전락하면서 사회 문제가 심각해졌다.

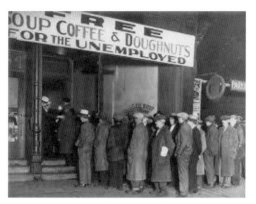
무료 도넛과 커피를 먹기 위해 줄 선 광경

하루에도 수많은 기업들이 파산하면서 미국경제는 마비되었다. 이를 해결하기 위해서 미국은 뉴딜정책을 펼쳤다. 정부에서 도로, 다리, 항만, 댐 등 사회 기반시설에 대한 인위적인 투자를 했고 이를 통해서 일자리를 창출하여 노동자들이 다시 돈을 벌고 소비를 하고 그 소비는 다시 공장을 돌릴 수 있도록 하였다.

만약 당시 미국 정부가 계속 보이지 않는 손을 신봉하여 아무런 정책을 취하지 않았다면 어떤 일이 발생했을까? 기업들은 계속 망하고 더 많은 노동자들이 일자리를 잃었을 것이다. 그 과정에서 물가는 하락하고 임금수준도 지속적으로 하락하였을 것이다. 충분히 경쟁력이 없는 기업들이 다 망하면 경쟁력이 있는 기업들만 살아남을 것이다. 이러한 기업들은 여전히 충분히 부자인 소비자들에게 제품과 서비스를 공급하면서 공장을 가동할 것이다. 물가가 너무 낮아졌기 때문에 가격이 저렴해져서 부자들은 이전보다 많은 소비를 할 것이고 남아 있는 공장들은 공장가동률을 서서히 높일 것이다. 그 과정에서 자연스럽게 고용의 증가가 일어나고 새로 취직한 노동자들은 다시 소득이 생겨서 소비를 할 것이다. 그러면 물건에 대한 수요가 다시 증가해서 공장의 가동률은 더 증가하고 더 많은 노동자가 일자리를 찾고 이러한 선순환이 반복되면 다시 경제는 원래의 상태로 되돌아올 것이다. 이 과정에서 고통을 경험하는 것은 가난한 사람들이고 이것이 다시 회복되기까지 꽤 긴 시간이 소요될 것이다.

보이지 않는 손이 스스로 문제를 해결하기까지 오랜 시간이 걸리고 혹은 문제를 해결하지 못할 수도 있기 때문에 정부의 존재가 있는 것이다. 우리가 사는 세상은 자본주의를 바탕으로 공산주의 논리를 많이 받아들인 세상이다. 공산주의 논리를 받아들이는 제도를 도입할 때마다 빨갱이라고 주장하는 사람들도 경제가 어려울 때 그러한 제도로 인해서 수혜를 받을 수 있다는 것을 알았으면 좋겠다.

내가 미국 파랭이의 고장인 텍사스에서 경제학을 공부할 때는 오바마 정부가 집권하는 시절이었다. 그 시기 미국 사회에서 가장 이슈가 되었던 정책 중의 하나가 오바마케어라는 의료보장 제도의 도입이었다. 미국의 살인적인 의료비로 인해서 많은 사람들이 제대로 된 치료를 받지 못하는 죽는 경우가 많았다. 그래서 저소득층에 한해서 국가가 의료비를 지원해 주는 제도가 오바마케어이다. 오바마케어를 하기 위해서는 돈이 필요했고 이 돈은 세금으로 충당되어야 했다.

나는 당시 돈 없는 유학생이기 때문에 이 제도가 좋은 제도라고 생각했다. 하루는 같은 박사과정에 있는 텍사스 출신 백인의 트레비스와 이 주제에 대해서 논쟁한 적이 있었다. 나는 이 제도가 사회정의를 위해서 좋은 제도라고 했다. 그러나 그는 왜 자신이 가난한 사람의 병원비까지 내줘야 하면서 못에 핏대를 세우며 오바마케어를 비난해. 그의 아버지는 텍사스의 어느 지역에서 서울시만 한 목장을 운영하며 우리 집 아파트 월세의 두 배가 되는 집에서 아내와 단둘이 살고 있는 학생이었다.

우리나라에서도 기초연금을 높이고 노령연금을 도입하자고 하면 뉴스의 주요 이슈거리가 된다. 동네에 있는 폐지 줍는 할머니도 이런 제도들이 나라를 망하게 한다는 인터뷰를 텔레비전 어디선가 들은 것 같다. 미국에서 가장 부자인 빌 게이츠와 워런 버핏은 부자들이 더 많은 세금을 내야 한다고 주장하고 있다. 가장 빨갱이 같은 사람이 파랭이를 지향하고 가장 파랭이 같은 사람이 빨갱이를 지향하는 건 왜일까? 연인들이 서로에게 없는 부분이 있어서 끌린다고 하는데, 이것도 그런 이유일까?

알기 쉬운 경제학

서민을 위한
나라는 없다

　내가 처음으로 투표한 것은 1997년으로 기억한다. 이를 정확하게 기억하는 이유는 당시 나는 군인이었고 어떤 이유인지도 모르게 우리는 모두 의무적으로 투표해야 했다. 투표하기 전에 팸플릿을 보니 후보자 모두가 서민을 위한 정치를 펼치겠다고 했다. 그 이후에도 대통령선거, 국회의원 선거, 지방선거를 보면 꼭 빠지지 않는 내용이 있다. 후보자들은 서민을 위한 정치를 했고 자신들도 서민이었기 때문에 누구보다 서민을 잘 이해한다고 했다.

　왜 정치인들은 서민을 위한 정치를 할까? 앞서 이야기했듯이 우리나라는 자본주의를 경제 이념으로 채택하였다. 우리나라 국민 개개인들의 욕심은 끝이 없지만 우리나라가 갖고 있는 돈은 한정되어 있다. 그래서 이 돈이 분배되는 과정에서 더 많이 가져가는 사람과 더 적게 가져가는 사람으로 나뉘게 된다. 돈을 많이 가져가는 사람은 부자가 되고 적게 가져가는 사람은 가난한 사람이 된다. 가난한 사람이 부자보다 월등히 많다. 이는 우리나라뿐만 아니라 자본주의를 국가 경제 이념으로 채택한 모든 나라에서 발견되는 현상이다.

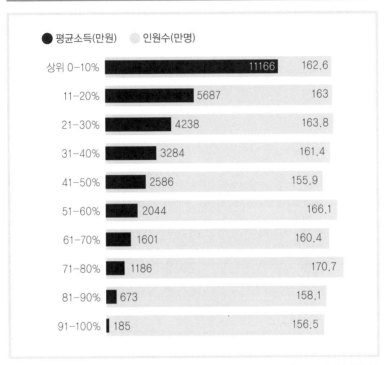

2014년 급여생활자 근로소득 분포(연소득 기준)

● 평균소득(만원)　○ 인원수(만명)

구간	평균소득(만원)	인원수(만명)
상위 0-10%	11166	162.6
11-20%	5687	163
21-30%	4238	163.8
31-40%	3284	161.4
41-50%	2586	155.9
51-60%	2044	166.1
61-70%	1601	160.4
71-80%	1186	170.7
81-90%	673	158.1
91-100%	185	156.5

출처: https://news.joins.com/article/18612943

　2015년 9월 18일 중앙일보 기사를 보면 연봉 1억이 되어야 급여소득자 중 상위 3%이고 전체 근로자의 63%는 전체 평균보다 낮은 급여를 받는다고 하였다. 우리나라에는 서민이 부자보다 더 많고 투표는 서민이든 부자이든 1인당 1표만 허용되기 때문에 더 많은 표를 얻기 위해서 정치인들은 늘 자신이 서민의 편이라고 주장한다. 그리고 그들은 서민이 살기 좋은 나라를 만들겠다고 한다.

수십 년간 서민을 위한 정치를 한다고 하였지만 지금도 서민은 존재하고 앞으로 대선, 총선, 지방선거의 중요한 정치 공약 중의 하나가 서민을 위한 정치일 것이다.

정치인들이 서민을 위해 법을 만들고 세금을 걷고 서민을 위해 국가를 운영한 지 30년이 다 돼 가는데 지금도 서민이 있다면 정치인들이 거짓말을 하거나 혹은 그들이 풀 수 없는 문제일 것이다. 결론부터 말하면 서민 없는 사회, 즉 모두가 다 잘사는 사회를 만들 수는 없다.

자본주의 경제는 기본이 사유재산이고 이는 경쟁을 통해서 얻을 수 있다. 더 좋은 대학을 가면 더 좋은 직장을 잡을 수 있기 때문에 새벽이 늦은 줄 모르고 한국의 고3 수험생들이 공부를 하고, 강남의 명문고교로 진학하기 위해서 청문회에 나온 많은 장관 후보들이 위장전입을 하는 것이다. 경쟁을 하면 이기는 사람도 있고 실패하는 사람도 있다. 경쟁에서 이기는 사람은 더 많은 것을 얻을 수 있고 경쟁에서 실패하는 사람은 더 적게 얻을 수밖에 없다. 그러므로 현재의 경제체제에서는 서민이 있을 수밖에 없다. 우리나라보다 잘 사는 프랑스, 독일, 미국 같은 선진국에도 가난한 서민이 존재한다. 미국의 노동자 중에 소득세를 내는 비율이 50% 정도라고 한다. 세금을 안 내는 노동자는 너무 소득이 낮기 때문에 세금을 내지 않는 것이다.

서민이 잘 사는 사회, 혹은 서민이 존재하지 않는 사회가 되기 위해서는 부자들이 가진 돈을 가난한 사람에게 나눠 줘야 한다. 삼성전자 사장의 연봉이 100억이 넘는데 부자라고 가진 연봉의 90%인 90억 원을 세금으로 내고 그 90억 원을 가난한 사람들에게 준다고 하면 어떤 일이 발생하겠는가? 삼성전자 사장은 일을 안 하고 가난한 사람도 일을 안 할 것이다. 삼성전자 사장 입장에서는 뼈 빠지게 일해도 다 가난한 사람에게 돈을 뺏기고 가난한 사람 입장에서는 열심히 일 안 해도 누군가가 자신들에게 돈을 주니 지금보다 더 열심히 할 필요가 없어진다.

우리가 사는 자본주의의 아름다움은 노력한 만큼 그 대가를 받는데에 있다. 그리고 그러한 노력이 우리 사회를 소금씩 발전시켰다. 과학자들과 사업가들은 밤을 새워 새로운 기술과 사업을 만들고 그에 대한 합당한 보상을 받는다. 이러한 사람들이 있어서 알파고가 이세돌을 이길 수 있는 것이고 우리가 지하철에서 스마트폰으로 영화를 볼 수 있는 것이다. 서민이 존재하는 것은 자본주의의 한계이면서 우리 사회가 발전하는 원동력인 것이다. 과거에도 서민이 있었고 미래에도 서민이 있을 것이다. 서민을 위한 정치에 더 이상 속지 않길 바란다.

알기 쉬운 경제학

개념 정리

- 자본주의

  개인의 재산을 인정하는 사회체제

- 공산주의

  개인의 재산을 인정하지 않고 공공의 재산으로 인정하는 사회체제

- 큰 정부

  정부가 시장경제에 적극적으로 개입하면서 시장경제가 실패하는 것들을 정부의 힘으로 보완하며 국민의 복지에 정부가 적극적으로 개입하는 정부

- 작은 정부

  경제활동을 시장 자율에 맡기며 시장에 대한 정부의 개입을 최소화하는 정부

팔려는 자와
사려는 자

어릴 적 내가 가장 갖고 싶은 장난감 중의 하나가 레고였다. 처음 레고를 접한 건 초등학교 4학년 때였다. 반에서 친한 친구 집에 놀러 갔는데 그 친구 집에 레고 블록이 많았다. 시간 가는 줄 모르고 그 친구 집에서 놀았던 기억이 있다. 하루는 이모네 집에 놀러 갔는데 장난감 가게에 레고로 만든 멋진 성이 전시되어 있었다. 그 이후에 나는 그 성을 보고 싶어서 간혹 왕복 4시간을 걸어서 그 성을 보러 간 적이 있었다.

레고는 당시 우리 집 소득 수준으로는 너무 비싼 장난감이었다. 그래서 그런지 입사하고 돈을 벌면서 나는 가끔씩 레고를 사고 주말에는 이를 조립하면서 시간을 보냈다. 내가 좋아하는 레고는 성과 도시였다. 조금씩 사서 모은 레고가 꽤 됐다. 아내는 다 큰 어른이 레고를 갖고 노는 것을 못마땅해 했지만 넓은 마음으로 나를 이해해 주었다.

미국으로 유학을 가기 위해 있는 짐을 정리해야 했다. 한두 개씩 사서 모은 레고가 꽤 많았다. 아는 지인에게 줄까도 생각했지만 다 큰 어른이 누가 레고를 갖고 놀까 생각해서 그 생각을 접었다. 그러던 어느 날 '레테크'라는 기사를 보았다. 한번 시장에 출시된 레고는 다시 만들지 않기 때문에 레고 자체가 하나의 골동품처럼 취급되고 있고 예전의 향수를 느끼고 싶은 나와 같은 '키덜트'들이 많아서 레고, 특히 단종된 레고에 대한 수요가 많다는 기사였다.

나는 중고나라에 내가 가진 레고를 팔기로 했다. 판매글이 게시되자 금세 구입문의 문자가 왔다. 그리고 금방 다른 구입문의 문자들이 왔다. 이미 다른 누군가에게 판매하기로 결정했다고 하니 다른 사람이 제시한 가격보다 더 비싼 가격에 레고를 사 가겠다고 이야기했고 결국 가장 높은 가격을 제시한 사람에게 팔았다.

시장에서 가격이 결정되기 위해서는 물건을 팔려는 사람과 이를 사려는 사람이 존재해야 한다. 물건을 사는 사람은 가장 저렴하게 사고 싶고 물건을 팔려는 사람은 가장 비싸게 팔고 싶은 게 우리네 심리이다. 그래서 가격은 항상 그 둘의 힘의 균형이 맞는 곳에서 결정된다. 가격이 너무 비싸게 형성됐다면 구매자는 감소할 것이고 가격은 자연스럽게 하락할 것이다. 반대의 경우는 가격이 상승할 것이다. 가격은 팔려는 자와 사려는 자의 힘겨루기이다.

명절만 되면
과일값이 오르는 마술

설과 추석은 우리나라의 가장 중요한 명절이다. 설은 한 해를 시작하는 날이기 때문에 우리에게 의미 있는 명절이고, 추석은 한 해 농사의 결실을 수확하는 시기이기 때문에 풍요로운 날이다. 두 명절 공통적으로 우리는 조상들에게 차례를 지내왔다. 차례를 지내기 위해서 가족들이 한곳에 모였고 오랜만에 보는 친지들과 즐거운 시간을 가져왔다.

그러나 명절 때만 되면 늘 빠지지 않는 단골 뉴스가 있다. 설 물가 비상, 추석 물가 대란, 조상님들 눈칫밥 등등 최근 며칠 사이에 농수산물의 가격이 폭등했다는 뉴스이다. 왜 명절만 되면 농수산물의 물가는 폭등할까? 물가가 폭등한다는 것은 농수산물의 가격이 올랐다는 의미이다.

조상님들
눈칫밥 드시겠네

너무 비싸…

설 앞두고
'밥상 물가' 비상

　예를 들어 12월에 사과 1개가 1,000원인데 설을 앞두고 사과 1개가 1,500원이 되는 현상이 발생했다고 가정하자. 이는 사과를 팔려고 하는 사람보다 사과를 사려고 하는 사람이 증가했기 때문에 생기는 자연스러운 결과이다. 그러나 이렇게 단기간에 50%씩 가격이 오르는 것이 가능한가?

　애플에서 아이폰이 출시되면 이를 사기 위해서 밤새도록 줄을 서는 광경을 볼 수 있다. 아이폰을 공급하는 기업은 애플 한 군데이지만 사려는 사람은 인산인해를 이룬다. 아무리 애플 공장이 크다고 할지라도 순간적으로 그 많은 수요를 감당하기는 어렵다. 그러나 애플의 아이폰 가격은 출시일에 정해진 가격에 팔린다. 한 달 더 일찍 구매하고 혹은 한 달 더 늦게 구매한다고 가격이 변하지 않는다.

알기 쉬운 경제학

출처: 조선일보, http://review.chosun.com

　유독 농수산물만 이렇게 단기간에 가격이 급등락하는 것은 왜일까? 애플의 경우 단기간에 수요가 폭발하더라도 공장을 24시간 가동하면 아이폰을 더 많이 생산할 수 있다. 그러나 사과의 경우 순간적으로 수요가 증가하더라도 공급을 더 늘릴 수 있는 방법이 별로 없다. 시장에 나온 사과가 10,000개라고 가정하자. 차례를 지내기 위해서는 15,000개의 사과가 필요하다고 가정하자. 사과가 공장에서 만들어 내는 제품이라면 사과를 공급하는 사람은 공장 가동 시간을 늘려서 사과를 더 많이 공급하려고 할 것이다. 그러면 사과가격이 하루 만에 50%씩 오르는 일은 발생하지 않는다.

　그러나 현실은 어떠한가? 사과를 더 공급하고 싶어도 사과를 생산하기 위해서는 다시 1년을 기다려야 한다. 지금이 설이라면 사과는 가을이 되어야 다시 생산된다. 그러므로 사과를 팔려는 사람은 사과를 더 팔고 싶어도 사과가 없어서 못 파는 것이다. 그러므로 사과를 사려는 양이 시장에 있는 사과보다 조금만이라도 더 많으면 사과값이 급등하는 것이다.

이는 사과에만 해당하는 것이 아니라 사과를 포함한 모든 농수산물에 해당한다. 아무리 가격이 올라도 이를 단기간에 공급할 수 없다면 그 제품의 가격은 오르게 된다. 이를 경제학적인 용어로 공급의 비탄력성이라고 한다. 가격에 따라 유연하게 공급량이 움직이지 않기 때문이다.

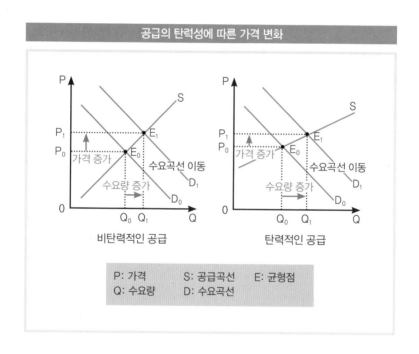

공급의 탄력성에 따른 가격 변화

알기 쉬운 경제학

위의 그래프를 보면 수요곡선은 동일하다. 다른 점은 왼쪽 공급곡선은 가파르고 오른쪽 공급곡선은 완만하다. 가파른 공급곡선은 수요량이 변할 때 가격이 크게 움직이지만 완만한 공급곡선은 수요량이 변할 때 가격이 좁게 움직인다. 비탄력적인 공급곡선은 농수산물의 공급곡선이라고 볼 수 있고 탄력적인 공급곡선은 아이폰 생산의 공급곡선이라고 볼 수 있다.

경제학의 아버지라고 불리는 애덤 스미스는 시장에서 보이지 않는 손이 모든 문제를 해결한다고 했다. 애덤 스미스가 말하는 보이지 않는 손은 가격이다. 가격을 통해서 이 세상 경제 문제가 다 해결된다고 하였다. 이를 좀 더 알아보면 수요와 공급을 통해서 가격이 결정되고 그 결정된 가격이 팔려는 사람에게 물건을 팔게 하고 사려는 사람에게 물건을 구매하게 한다는 것이다.

공급은 판매자가 판매할 의사가 있는 것을 의미하고 수요는 구매자가 구매할 의사가 있는 것을 의미한다. 즉 설 1주일 전에 과일가게의 주인이 사과 100박스가 있으나 누구에게도 이를 판매하고 싶지 않다면 이 주인은 판매할 의사가 없기 때문에 이 과일 가게 주인의 공급은 0이라고 할 수 있다. 반대로 사과를 한 박스 사고 싶지만 사과를 살 돈이 없는 가난한 아버지가 있다고 가정하자. 이 아버지는 사과를 사고는 싶지만 이를 살 능력이 없기 때문에 이 아버지의 사과를 사고 싶은 욕구는 수요가 아니다. 좀 더 쉽게 이야기하면 많은 사람이 람보르기니를 사고 싶지만 이를 살 돈이 없다면 그 사람들의 람보르기니를 사고 싶은 욕구는 단지 희망사항이지 수요가 아니다.

공급량은 공급자가 공급할 수 있는 실제의 양을 의미한다. 즉, 사과가게 주인이 팔고자 하는 사과의 양을 의미하고 수요량은 사과를 사고 싶고 살 수 있는 돈이 있는 소비자가 실제 구매할 수 있는 양이다. 거래는 공급자가 공급하려는 양과 수요자가 수요하려는 양이 맞는 지점에서 성립되고 그때 가격이 결정된다.

농수산물의 경우, 공급하기 위해서는 추가적인 시간이 더 필요하기 때문에 가격의 변화폭이 전자제품 같은 공산품에 비해서 크다. 이를 해결하기 위해서 정부는 비축이라는 것을 한다. 사과가 생산되는 가을철에는 사과가 많기 때문에 상대적으로 사과 가격이 하락한다. 그래서 농민들에게 도움을 주고자 사과 가격이 많이 하락하지 않도록 정부가 구매하고 이를 창고에 비축한다. 겨울이 되면서 사과를 재배할 수 없고 사과의 수요가 늘어나면 가격이 급등한다. 이 경우 정부는 비축된 사과를 시장에 내다 팔면서 사과의 공급량을 늘려서 사과 가격이 급등하지 않도록 조절한다.

만약 정부의 이러한 노력에도 불구하고 농산물 가격이 급등한다면 정부는 가격이 급등한 농산물을 외국에서 수입해서 국내 시장에 판매할 수도 있다. 가까운 일본이나 중국에서 사과를 수입하면 단기간 내에 수입이 가능하기 때문에 물가를 안정시키기 위해서 외국에서 수입하는 방법도 사용한다.

담뱃값이
오른 이유

2014년 12월 2일 국민건강증진을 위해서 정부는 담뱃값을 일괄적으로 2천 원 인상하였다. 가격이 오르면 기존의 흡연자들이 금연해서 담배에 대한 수요가 감소할 것이라고 이야기했다. 담뱃값 인상이 발표되기 전부터 많은 흡연자들은 담뱃값 인상에 대비해서 미리 담배를 구입했는데 정부는 담배 사재기를 막기 위해서 1인당 두 보루만 살 수 있도록 제한하였다.

담뱃값이 인상되고 서민들은 미리 구입한 담배를 소비했고 2015년 1월이 되자 전국적으로 금연 열풍이 불었다. 서민들은 기존 담뱃값에 거의 두 배에 육박하는 인상이 불만족스러웠고 정부를 비판했지만 이를 계기로 담배를 끊고 건강하게 살자는 사람도 많아졌다.

출처: 중앙일보, https://news.joins.com

과연 정부의 바람대로 담뱃값이 인상되면서 금연하는 사람이 더 많아져서 국민 건강에 도움이 되었을까? 2010년 우리나라 흡연율은 27.5%였으며 지속적으로 하락하여 담뱃값 인상 전인 2014년에는 24.2%까지 하락하였다. 담뱃값이 인상된 2015년에는 전국적인 금연 열풍으로 흡연율이 1.6% 감소하여 전체 흡연율이 22.6%까지 하락하였다. 그러나 담뱃값 인상 1년 후인 2016년에는 오히려 흡연율이

1.3% 증가한 23.9%로 상승하였다. 이 통계를 보면 담뱃값 인상의 효과는 일시적인 것으로 볼 수 있다. 2014년 겨울에 정부의 담뱃값 인상에 분노하며 금연을 다짐하던 그 많은 사람들은 다 어디 갔을까?

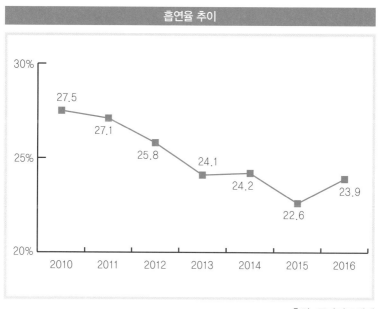

출처: 국가지표체계

이를 경제학적인 관점에서 본다면 매우 이해가 안 되는 상황이다. 애덤 스미스의 보이지 않는 손이 작동을 안 한 것처럼 보인다. 가격이 오르면 물건을 팔려는 사람은 더 많은 물건을 팔려고 하고 물건을 사려는 사람은 더 조금 사려고 해서 다시 가격이 떨어져야 하는

데 2천 원이 인상된 담뱃값은 그대로인데 다시 담배를 사려는 사람
이 늘었다.

이를 알기 위해서 수요의 비탄력성에 대해서 알아야 한다. 공급의
비탄력성으로 명절만 되면 농수산물 가격이 오른 것처럼 수요의 비
탄력성으로 담배가격이 올랐지만 흡연율이 감소하지 않은 것이다.

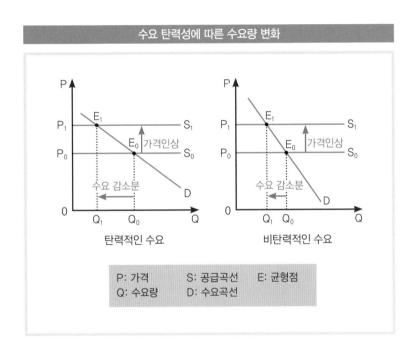

수요 탄력성에 따른 수요량 변화

탄력적인 수요

비탄력적인 수요

P: 가격   S: 공급곡선   E: 균형점
Q: 수요량   D: 수요곡선

담배가 일반적인 제품처럼 가격에 민감하게 반응하면 담뱃값이 인
상되었을 경우 탄력적 수요의 그래프처럼 담배의 수요량도 감소해야
한다. 그러나 현실에서 담뱃값 인상은 비탄력적인 수요의 그래프처

럼 담뱃값이 상승했지만 그 수요의 감소폭은 매우 적었다. 이는 담배가 가진 특성과 인간의 약한 모습이 결합된 결과이다.

슬픈 이야기이지만 우리가 사는 인생은 꼭 우리의 의지만으로 되는 것은 아니다. 담배는 중독성이 있는 기호품이다. 이는 마약처럼 한번 시작하면 끊기가 상당히 어렵다. 예전에 담배에 대한 유해성을 알려 주는 다큐멘터리가 있었다. 담배를 너무 많이 피워서 후두암이 걸려서 성대를 자른 환자가 여전히 환자복을 입고 담배를 피우는 모습에 나는 충격을 받았다. 개인 차이가 있으나 담배는 굉장히 중독성이 강해서 담배를 끊는 것은 매우 어려운 일이다. 오죽했으면 담배 끊은 사람과는 상종하지 말라는 말도 있겠는가?

정부는 국민건강증진이라는 대의명분을 갖고 담뱃값을 인상했으나 실상은 세금을 더 거두기 위해서 담뱃값을 인상한 것이라고 할 수 있다. 담배를 제조하는 원재료값이 상승해서 오른 것이 아니라 인상된 담뱃값 2천 원은 전부 세금이다. 그러므로 담뱃값을 올려도 사람들은 담배 끊기가 어려워서 일시적인 금연효과만 있을 것이고 다시 예전처럼 흡연하는 사람이 많아질 것이라고 정부는 예상했다.

2017년 6월 22일 동아일보의 '담뱃값 인상, 세수는 껑충, 금연효과는 찔끔.'이라는 기사를 보면 2015년에 정부가 예상한 것보다 담배 소비는 4억 6천만 갑이 증가했고 2016년에는 7억 9천만 갑, 2017년에는 6억 5천만 갑이 증가했다. 담배 소비 증가에 따라 담배 세수는 2014년 담뱃값 인상전과 비교해서 2017년 담배 판매로 인한 세수는 약 4조 4천 500억 원 더 증가할 것이라고 예상했다. 결국 담뱃값 인상으로 세수 확대는 예상보다 많이 늘었고 흡연율은 예상보다 많이 감소하지 않았다는 것이다. 결국 담배의 가격 비탄력성을 이용해서 본래의 목표는 달성하지 못하고 세수만 증가한 결과가 되었다.

담배 판매량 추이(단위: 갑)

정부 전망치와의 차이   실제 판매량

2015
+4억 6000만 ▶   33억 3000만

2016
+7억 9000만 ▶   36억 6000만

2017년(예상)
+6억 5000만 ▶   35억 2000만

담배 세수추이(단위: 원)

10조 5181억   12조 3761억   11조 4471억

2015   2016   2017년(예상)

출처 : 한국납세자연맹

알기 쉬운 경제학

주식을
팔아야 할 때

학교를 졸업하고 취직을 했을 때 나는 적금 통장과 청약저축 통장을 만들었다. 월급을 모아서 한 푼 두 푼 모으면 내 집 마련도 하고 돈도 모을 수 있을 거라고 생각했다. 그런 나를 보며 같은 부서에 있던 선배가 한 가지 알려 준 사실이 있다. '경진아, 월급으로는 돈 못 모은다.' 나는 당시 이게 무슨 말인가 했다. 당연히 월급을 절약해서 돈을 모아야지 어떻게 돈을 모으냐고 생각했다.

15년이 흐른 지금 나는 그 선배가 했던 말이 너무 마음에 와 닿는다. 나 역시 대기업에 다니면서 우리나라 평균 근로자보다 많은 급여를 받지만 지금 받는 월급으로는 돈을 모을 수 없다고 생각한다. 월급이 오르는 속도보다 집값 오르는 속도가 더 빠르고 매년 물가는 월급 인상률보다 더 오른다. 아이들이 커 가면서 써야 할 돈은 더 많아지지만 월급은 제자리걸음이다. 그럼 나는 매번 이렇게 쪼들리며 살았을까?

내가 운이 좋았는지 단군 이래 가장 힘든 경제 시절인 IMF 때에는 군대에 있어서 세상 어려운지 몰랐고 학교를 졸업할 적에는 고생은 했지만 취업도 했다. 취업 후에도 경제가 좋아져서 회사는 날로 성장하였다. 회사에 열심히 다니다 보니 우리사주라는 것도 받았다. 우리사주는 회사에서 주식을 발행할 때 직원들도 그 주식을 살 수 있게 해 주는 제도이다. 우리사주를 통해서 내가 받는 연봉보다 몇 배나 되는 큰돈을 단기간에 벌었고 그 돈으로 다 쓰러져 가는 빌라에서 비록 전세지만 서울 한복판에 있는 아파트로 이사를 갈 수 있었다.

그렇다, 직장인이 돈 버는 방법은 로또 1등 당첨, 유산 상속, 그리고 주식투자였다. 친구 녀석은 삼성에 다니지만 이 녀석도 나처럼 비빌 언덕 하나 없는 흙수저였다. 이 녀석은 오히려 우리사주를 해서 폭삭 망한 케이스고 흙수저이니 유산을 상속받을 리 만무하고 로또에 당첨될 정도로 운이 좋은 녀석이라면 당연히 우리사주도 안 망했을 것이다. 이 친구에 비하면 나는 그래도 직장인이 돈 버는 방법 중의 하나인 주식투자로 돈도 벌었으니 행운이라고 할 수 있다.

2007년은 나에게 굉장히 의미 있는 한 해였다. 사랑스러운 윤재가 태어나는 경사를 맞았다. 게다가 회사에서는 대리로 승진하고 대형 M&A프로젝트를 도맡아 하면서 많은 경험을 쌓고 인정도 받은 해였다. 그리고 결정적으로 주식투자에 눈뜨게 된 해이다. 코스피 지수는 2000년 전까지 1천 포인트를 넘지 못했다. 그러나 2000년 초반 중국경제가 급격히 상승하면서 우리나라 기업들의 실적도 같이 좋아져서 2007년에는 2천 포인트에 육박하였다. 내가 사회생활을 시작한 해부터 2008년 금융위기 전까지 주식을 사기만 하면 돈을 벌었다. 오히려 그 당시에는 주식 투자해서 돈을 잃는 것이 더 어려운 시절이었다. 그런 시절에 주식투자를 해서 돈을 잃은 내 친구는 얼마나 운이 없는 녀석인지 알만하지 않은가?

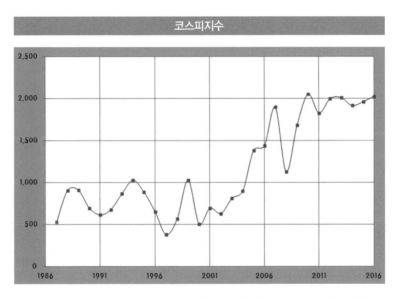

출처: 플러스의 부동산 노트, 네이버블로그

이 당시 나의 주요 관심 종목은 조선업이었다. 조선업이 30년 만에 대호황이 찾아와서 주가가 많이 오를 것이라고 알고 있었다. 2004년 현대중공업이 1주당 3만 원도 안 했지만 2007년에는 50만 원 이상으로 주가가 올랐다. 조선소에서 일하는 사람들은 월급이 월급처럼 보이지 않던 시절이었다. 매일 뉴스에서는 코스피지수가 최고치

를 갱신하고 지금까지 밟아보지 못한 2천 포인트를 밟을 것이라고
했다. 동시에 주식이 거품이라는 경고들이 엄청나게 많이 있었다. 과
연 거품은 무엇일까?

경제에서 중요한 것은 가격이 상승하거나 하락한 것이 아니라 얼
마나 급격하게 가격이 상승하고 하락했는지에 대한 것이다. 예를 들
어 30평짜리 아파트가 1억 원이었는데 10억 원으로 올랐다고 하자.
만약 이 가격 증가가 30년 동안 이루어진 것이라면 별로 문제가 없
는데 이 가격 상승이 단 1년 만에 이루어진 것이라면 이를 어떻게
바라봐야 할 것인가? 이것이 바로 거품이다. 가격 거품은 가격이 실
제의 가치보다 더 많이 오른 것을 의미한다. 앞서 보았듯이 가치는
우리가 구입하는 물건으로부터 받는 주관적인 만족감이고 가격은
시장에서 객관적으로 형성되는 지표이다. 거품이라는 것은 가격이
가치보다 월등히 높을 때 발생한다.

자본주의 역사에서 최초의 가격 거품이라고 불릴 만한 사건은 17
세기 네덜란드에서 발생했다. 네덜란드 인접 도시이며 부유한 도시
인 안트베르펀이 1578년 스페인에게 점령당하면서 암스테르담이 금
융의 중심지로 각광받았다. 이로 인해 유대인을 비롯한 많은 상인들
이 네덜란드로 전입해 오면서 금융업에 뛰어들었다. 덕분에 1609년
에 암스테르담에서는 세계 최초의 증권거래소가 설립되고 명실공히
금융의 중심지가 되었다. 네덜란드에 전 세계의 돈이 몰렸고 이러한
돈은 투자처를 찾게 되었다. 그 투자처 중의 하나가 튤립이 되었다.
튤립은 원래 유럽에 없던 꽃이었다. 유럽으로 튤립이 소개되기 전까

지 튤립은 단지 부호들이나 식물애호가들만 알고 있던 꽃이었다.

그러나 오스트리아 외교관이 이스탄불에서 오스트리아로 튤립을 가져오면서 튤립은 네덜란드에 알려졌다. 튤립은 네덜란드 사람에게 인기를 끌었다. 이러한 튤립을 보유하는 것이 하나의 부의 척도로 여겨졌다. 그래서 많은 사람들은 특이한 튤립을 키우고 이를 팔아서 돈을 벌기 시작하였다. 사람들 사이에서 튤립을 잘 키우면 돈이 된다고 알려졌고 너도나도 튤립의 알뿌리를 구매해서 튤립을 키웠다. 이러한 현상은 튤립에 대한 수요를 증가시켰고 튤립의 가격이 천정부지로 높아졌다.

1636년 내내 튤립 알뿌리의 가격은 올랐고 1637년 1월에 가격은 절정에 달했다. 당시 가장 비싼 튤립 알뿌리의 가치는 하나에 2천 500길더였다. 이는 돼지 8마리, 황소 4마리, 양 12마리, 밀 24톤, 와인 500리터, 맥주 600리터, 버터 2톤, 치즈 450킬로그램, 은 술잔, 옷감 108킬로그램, 침대세트를 모두 살 수 있는 돈이었다. 가격이 단기간에 터무니없이 올랐고 튤립의 가격은 튤립이 주는 가치보다 한참 위에 있었다. 더 이상 튤립을 살 사람이 없자 가격은 폭락하기 시작하였다. 그 결과 튤립가격은 4개월 만에 99% 폭락하였다. 이 외에도 대표적인 버블은 일본의 부동산 버블이 있다. 1960년대부터 1970년대까지 일본의 토지가격은 평균적으로 50배가 올랐다. 1981년부터 1990년까지 부동산 가격은 다시 5배가 더 올랐다. 긴자에서 가장 비싼 땅은 1평에 30억 원이 넘었다. 당시 일본의 부동산 가격이 얼마나 많은 거품이 있었냐면 '도쿄를 팔면 미국을 살 수 있다.'라는 말이 나올 정도였다. 1991년 부동산 버블이 꺼지면서 부동산 가격은 평균적으로 30%가 하락했고 많이 하락한 지역은 90%나 하락하였다.

버블은 항상 급격하게 가격이 상승했을 때 발생하고 그런 환경에서는 늘 가격이 가치를 월등하게 상회한다. 우리나라도 현재 강남의 집값이 미친 듯이 오르고 있다. 2018년 8월 재건축이 예정된 아파트인 개포주공 1단지의 평당 가격은 1억 2천 952만 원을 기록하였다. 30평짜리 아파트를 지으면 그 아파트는 약 38.8억 원이다. 2018년 IMF 통계에 따르면 우리나라 1인당 GDP는 3만 2천 775달러이다. 환율 1,100원으로 가정하면 우리나라 국민들은 1인당 평균적으로 연간 약 3,600만 원의 소득을 올린다. 평균적으로 개포동의 집을 사기 위해서는 한 푼도 쓰지 않고 소득 전부를 107년간 저축하면 살 수 있는 돈이다. 이런 가격에 앞으로 누가 더 강남에서 아파트를 사려고 할까? 이미 폭탄 돌리기가 시작된 건 아닐까?

주식을 포함해서 어떤 자산에 대해서 거품이 있다는 것은 그 가격이 오를 만큼 다 올랐다는 것이다. 가격은 사고자 하는 사람과 팔고자 하는 사람의 힘의 균형으로 결정된다. 팔려고 하는 사람보다 살려고 하는 사람이 더 많으면 가격이 오른다.

2007년 주식 버블 당시 주변에 주식을 하지 않는 사람을 찾기가 어려웠다. 뉴스에서는 급기야 주식객장에 아기를 업은 아줌마가 나타났기 때문에 주식을 팔아야 한다는 뉴스 보도도 나왔다. 왜 아기를 업은 엄마가 주식을 사면 주가는 폭락할까? 보통의 아기를 업은 엄마들은 육아로 인해서 주식투자 할 마음의 여유와 시간적 여유가 없다. 이러한 사람들까지 주식을 샀다면 우리나라에서 주식을 살 수 있는 사람들 모두가 이제 주식을 샀다고 보면 된다는 것이다. 즉, 앞으로 더 이상 주식을 살 사람이 없다는 것이다. 이는 수요가 없다는 것을 의미하기 때문에 가격이 폭락하는 일만 남았다. 한때 50만 원도 넘었던 현대중공업은 2018년 9월 12만 원 선에서 거래된다.

나이스 신발은
어디로 갔을까?

〈살인의 추억〉을 보면 형사인 송강호가 향숙이를 따라다녔던 백광호에게 신발을 선물한다. 이를 옆에서 보고 있던 나른 형사인 김상경이 기왕 선물을 줄 거면 나이스 신발 대신 진품 나이키 신발을 선물하라고 핀잔을 준다.

출처: 살인의 추억

알기 쉬운 경제학

나 역시 어릴 적 신던 신발은 어머니께서 시장에서 사주시던 월드컵 신발이었다. 중학생이 되고 보니 친구들은 프로스펙스, 나이키, 아디다스를 신고 다녔지만 나는 여전히 시장표 월드컵 신발을 신었다. 내가 중학교 3학년이 되던 해 어머니는 큰맘 먹고 나를 데리고 나이키 매장에 갔다. 나는 연신 싱글벙글했지만 가격표를 보고 난 후 어머니의 얼굴은 굳었고 월드컵 매장에서 늘 보여주던 당당한 모습은 없어졌다. 어머니는 고르고 골라서 그중에서 가장 저렴한 3만 원짜리 신발을 사 주었다. 매장을 나오면서 나는 어머니 얼굴에서 기쁨과 걱정을 읽을 수 있었다. 큰아들인 내가 나이키 신발을 신고 나오면서 느꼈던 행복감을 보면서 부모로서 기뻤지만 당장 큰돈을 썼다는 부담감에 어떻게 살림을 꾸려갈까 걱정하는 모습이라는 것을 어린 나이였지만 난 알았다.

그로부터 근 30년이 흘렀다. 그때의 기억 때문일까? 집에 나이키 신발이 두 켤레나 있고 아이들의 신발도 모두 나이키다. 그때의 기억으로 나는 누가 무슨 신발 브랜드를 신는지 유심히 관찰한다. 아이들 학교를 가서 또래 친구들을 보면 대부분 나이키와 아디다스 같은 브랜드 신발을 신고 있다. 오히려 월드컵 같은 신발을 신은 아이들을 찾기가 더 어렵다. 이러한 현상을 어떻게 설명할까?

지금까지는 가격이 수요와 공급을 조절하는 사례를 보여주었다. 즉, 제품 가격이 증가하면 수요가 감소하고 제품가격이 하락하면 수요가 증가하는 경우를 살펴보았다. 아이폰 가격이 200만 원 하면 소비자들은 아이폰을 덜 사려고 할 것이고 아이폰 가격이 10만 원이면 너도나도 아이폰을 사려고 할 것이다. 가격은 수요에 지대한 영향을 준다.

그러나 수요에 영향을 주는 것은 가격뿐만이 아니다. 우리의 소득도 수요에 영향을 준다. 일반적으로 소득이 오르면 수요가 증가한다. 예를 들어 내가 승진하기 전에는 우리 가족은 외식을 한 달에 한 번 했다. 팀장으로 승진하고 외식을 한 달에 두 번 한다. 내가 승진해서 소득이 증가했기 때문에 외식이라는 소비를 이전보다 더 많이 하는 것이다.

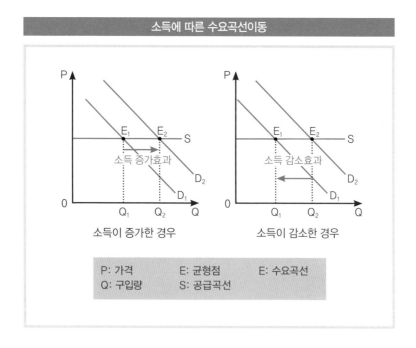

소득에 따른 수요곡선이동

소득이 증가한 경우

소득이 감소한 경우

P: 가격   E: 균형점   E: 수요곡선
Q: 구입량   S: 공급곡선

알기 쉬운 경제학

내 입장에서 음식점들의 공급은 무한하기 때문에 외식의 공급곡선은 수평이다. 내가 승진하면서 소득이 증가해서 외식에 대한 수요가 이전보다 늘었다. 만약 회사가 어려워서 임금이 삭감된다면 외식에 대한 우리 가족의 수요가 왼쪽 그래프처럼 감소할 것이다. 외식 가격의 변화 없이도 소득이 변화하면 외식에 대한 수요는 변화한다.

우리가 일상적으로 경험하는 물건과 서비스는 대부분 소득이 오르면 수요도 증가한다. 그러나 예외적으로 소득이 올랐지만 수요가 감소하는 물건들이 있다. 이러한 물건을 경제학 용어로 열등재라고 한다. 이제 더 이상 나이스 신발을 찾기 어렵고 월드컵 신발을 찾아보기 어려운 것은 우리나라의 평균적인 소득수준이 증가해서 이러한 제품을 더 이상 사지 않기 때문이다.

사람들의 소득이 지금보다 두 배 증가하면 삼겹살 가게가 장사가 더 잘 될까? 한우가게 장사가 더 잘 될까? 건강을 생각한다면 돼지고기가 소고기보다 좋지만 아직도 우리들 입맛에는 돼지고기보다 소고기가 맛있다는 사람이 더 많다. 그래서 이러한 소득증가가 일어나면 돼지고기에 대한 수요는 감소하고 소고기에 대한 수요는 증가할 것이다. 삼겹살집 주인들은 더 많은 손님을 유치하기 위해서 가격인하를 하겠지만, 사람들은 돼지고기보다 소고기를 찾을 것이다. 나이스 신발 가격을 반값으로 인하해도 나이스 신발에 대한 수요는 증가하지 않을 것이다. 이런 이유로 우리에게 나이스 신발은 〈살인의 추억〉에서만 볼 수 있는 진짜 추억이 되어 버렸다.

나이스 신발처럼 전통적인 수요와 공급의 법칙을 따르지 않는 제품과 서비스가 또 있다. 오히려 가격이 상승하면 수요량이 증가하는 물건이 있다. 이를 우리는 기펜제라고 한다. 기펜제에는 쥐와 같이 한집에서 살던 나의 가난한 어린 시절보다 더 가슴 아픈 이야기가 있다.

1847년에서 1852년 사이에 아일랜드에는 엄청난 기근이 있었다. 이 기근은 자연재해와 인재가 합쳐서 발생한 역사상 그 유래를 찾기 힘든 기근이었다. 16세기에 유럽에서는 종교개혁이 일어났고 잉글랜드는 성공회로 국교를 바꿨다. 잉글랜드는 아일랜드 사람들에게도 가톨릭을 버리고 성공회로 개종할 것을 강요했고 이를 거부한 아일랜드 사람들은 핍박을 받게 되었다. 잉글랜드는 아일랜드의 토지를 몰수하고 아일랜드로 이주해 온 잉글랜드사람들에게 몰수한 토지를 나누어 주었다. 토지를 잃은 아일랜드 사람들은 하루아침에 소작농으로 전락하고 말았다.

그들은 살아야 했기 때문에 감자를 재배하고 이를 먹기 시작했다. 당시 감자는 악마의 작물로 불리며 매우 저렴했고 유럽에서 프랑스와 벨기에서만 식용으로 재배되었다. 아일랜드 사람들은 1년 내내 감자와 버터만을 먹고 지냈다. 1845년 여름 아일랜드에서 비가 유난히 많이 왔고 그 결과 감자역병이 돌기 시작했으며 다른 작물의 작황도 매우 저조하였다.

잉글랜드는 감자역병과 작황불황에 대처하기 위해서 밀을 적극적으로 수입해서 자국민들을 구제했다. 그러나 토지도 잃고 다른 작물의 작황도 좋지 않은 아일랜드의 소작농들은 밀을 구입할 돈이 없었다. 기근은 점점 심해져서 감자 가격도 계속 올랐다. 그 결과 먹을 것이 없어서 감자가격이 오름에도 불구하고 유일하게 먹을 것은 감자만 있기 때문에 감자에 대한 소비가 증가했다. 기근이 너무 심해 당시 아일랜드 사람들은 먹을 수 있는 것은 닥치는 대로 먹었다. 수많은 사람들이 굶어 죽었고 사람들은 살기 위해서 앞다투어 아일랜드를 탈출하여 미국 이민길에 올랐다. 당시 이민자들은 수십만 명에 달했고 이들의 후손인 아일랜드계 미국인들은 2010년 약 3천 500만 명으로 증가하였다. 당시 기근 전에 아일랜드 인구는 800만 명이었으며 대 기근이 끝난 후 아일랜드 인구는 400만으로 감소했고 아직도 아일랜드는 기근 전의 인구인 800만 명을 회복하지 못하고 있다.

아일랜드 사람들에게 감자는 나에게 고기 없는 된장찌개 같은 것이었다. 어렸을 적 우리 집은 채식 위주의 식사만 했다. 하루는 어머니가 된장찌개를 끓였는데 거기에 고기처럼 생긴 덩어리가 있어서 얼른 집어먹었는데 고기 맛은 안 났다. 알고 보니 덜 풀린 된장 덩어리였다. 지금도 나는 아무리 저렴해도 고기가 없는 된장찌개는 먹지 않는다. 대기근 이후 아일랜드 사람들은 감자라면 지긋지긋하게 먹어서 소득이 증가하고 감자가격이 하락했는데도 불구하고 감자의 소비량이 더 감소하는 현상이 있었다. 기펜제는 가격이 오를수록 소비가 증가하는 아픈 역사를 갖고 있는 경제용어이다.

지난여름
난 네가 에어컨을
켠 것을 알고 있다

나는 여름에 태어나서 그런지 혹은 없이 살아서 그런지 사계절 중에 유난히 여름을 좋아했다. 지금까지 살면서 가장 기억에 남는 여름은 1994년의 여름이었다. 당시 나는 고3이었고 집에 오면 늘 찬물로 샤워했다. 그래도 더위가 가시지 않아서 선풍기를 껴안고 살았다. 땀이 많이 나서 땀띠가 나도 뜨거운 태양의 여름이 좋았다.

2018년 여름은 기록상으로는 1994년을 뛰어넘는 최악의 더위였으나 그 더위를 1994년만큼 체감하지 못했다. 아마도 에어컨의 보급률이 그 당시보다 증가해서 그랬을 것이다. 회사에 출근해도, 퇴근해서 집에 가도 에어컨에서는 늘 시원한 바람이 나왔다.

다만 그때와 지금이 달라진 점은 에어컨을 켤 때마다 전기료를 걱정해야 하는 것이었다. 전기료를 절약하기 위해서 거실의 큰 에어컨을 켜기보다 안방의 벽걸이형 에어컨을 켰다. 덕분에 온 식구들이 넓은 거실을 비우고 안방에 모여 수다를 떨고 텔레비전을 보며 그 어느 때보다 가족 간에 대화가 많은 여름을 보냈다. 비싼 누진제 전

알기 쉬운 경제학

기요금으로 인해 한방에 모여서 에어컨을 켜며 여름을 보낸 가족은 비단 우리 가족만이 아닐 것이다.

전국 역대 최고기온 순위(단위: ℃)

홍천	*2018년 8월 1일	41.0
북춘천	*2018년 8월 1일	40.6
의성	*2018년 8월 1일	40.4
양평	*2018년 8월 1일	40.1
충주	*2018년 8월 1일	40.0
대구	1942년 8월 1일	40.0
영월	*2018년 8월 1일	39.9
의성	2018년 7월 27일	39.9
추풍령	1939년 8월 1일	39.8
경주	2017년 7월 13일	39.7
대구	1942년 7월 28일	39.7
서울	*2018년 8월 1일	39.6

출처: 기상청

111년 만의 폭염이 왔지만 우리는 왜 에어컨을 켜면서 건강 걱정보다 돈 걱정을 더 할까? 이 비밀을 알기 위해서는 우리나라 전기 시장을 알아야 한다. 과거 한국전력이 우리나라에서 생산하는 전기의 대부분을 생산하였다. 그러나 전기 생산시장을 민간회사들에게 넘긴 이후로 한국전력은 우리나라에서 생산하는 전기의 약 75%를 생산하고 있고 나머지 25%는 민간 발전회사들이 생산하고 있다. 민간 발전회사들이 전기를 생산하고 있지만 여전히 우리나라 전기 생산은 한국전력에 의지하고 있다.

　한국전력은 1961년에 기존의 전력회사인 조선전업, 경성전기, 남선전기 3개사를 통합하여 한국전력주식회사로 시작하였다. 겉보기에는 사기업이지만 실질적인 소유와 운영은 공기업이었다. 그 후 1989년 주식시장에 상장하였으나 여전히 산업은행과 우리나라 정부가 51%의 지분을 보유하고 있는 공기업이다.

　한국전력은 공기업이기 때문에 공익적인 목적도 달성해야 하고 기업의 유지를 위해서는 적정한 수준의 이익도 창출해야 한다. 한전은 이 두 가지 목적을 달성하기 위해서 똑같은 물건인 전기를 사는 사람에 따라 다른 가격을 받고 팔았다. 1970년대부터 정부 주도의 산업화가 진행되면서 우리나라 산업은 신발, 섬유, 가발 등을 만드는 경공업에서 석유정제, 화학제품, 철강 등을 제조하는 중화학 공업으로 변신하였다. 중화학 공업 위주의 산업은 제품을 생산하기 위해서 많은 전기가 필요했다.

　정부에서는 우리나라 제품이 세계시장에서 원가경쟁력을 갖도록 많은 지원을 하였다. 그중 하나가 기업이 사용하는 산업용 전기를 저렴하게 판매하는 것이었다. 예를 들어, 1W의 전기를 생산하기 위해서 100원의 원가가 소요되는데 이를 90원에 판다면 전기를 팔 때마다 한전은 손해를 볼 것이다. 이렇게 손해가 계속 발생하고 누적되면 나중에는 국민 세금으로 이 손해를 메워야 한다. 이를 방지하기 위해서 한전은 가정용 전기를 산업용 전기보다 더 비싸게 판매해서 산업용 전기 판매에서 발생한 손실을 보충하였다.

가정용 전기를 무작정 비싸게 판매하면 많은 국민들이 정부가 기업에 특혜를 주고 국민에게 불이익을 준다고 반발할 수 있기 때문에 누진제 요금을 개발하였다. 누진제 요금은 전기를 적게 사용하면 낮은 전기요금이 부과되며 전기를 일정 수준 이상으로 많이 사용하면 높은 전기요금이 부과되는 요금체계이다. 주택용의 가장 낮은 전기요금과 산업용 전기요금을 비교하면 큰 차이가 나지 않기 때문에 주택용과 산업용의 전기요금 차이가 별로 없다고 주장하나 누진제를 감안하여 비교하면 큰 차이가 발생한다.

주택용 저압전기 요금			
기본요금		전력량요금(원/kWh)	
200kWh 이하 사용	910	0-200kWh까지	93.3
201-400 kWh 사용	1600	201~400kWh까지	187.9
400kWh 초과 사용	7300	400kWh 초과	280.6

출처: 한국전력 홈페이지, 2016년 12월 1일 기준

주택용 전기요금, 쉽게 이야기하면 가정에서 사용하는 전기 요금 체계는 200kWh까지는 1kWh를 사용하는데 93.3원이고 이보다 더 많이 사용하면 1kWh당 187.9원 400kWh를 초과하면 이를 초과하는 전기사용량에 1kWh당 280.6원을 부과한다. 즉 가장 저렴한 전기요금과 가장 비싼 전기요금은 약 3배 차이가 난다. 한국전력은 도시에 사는 4인가구의 월평균 전기사용량이 350kWh라고한다. 이 경우 4인가구의 전기요금은 기본요금을 제외하면 약 46,850원이다.

산업용 (갑)I, 300kw 미만 사용					
구분		기본요금(원/kw)	전력요금 (원/kWh)		
			여름(6-8월)	봄, 가을	겨울(11-2월)
저압전력		5,550	81.0	59.2	79.3
고압 A	선택 I	6,490	89.6	65.9	89.5
	선택 II	7,470	84.8	61.3	83.0
고압 B	선택 I	6,000	88.4	64.8	88.0
	선택 II	6,900	83.7	60.2	81.9

출처: 한국전력 홈페이지, 2013년 11월 21일 기준

산업용 전기요금은 용도에 따라 다양한 요금제가 존재하나 대체로 주택용 전기요금보다 저렴하다. 위의 표대로 계산할 경우 만약 저압전력 300kWh를 각 계절별로 한 달간 사용했을 경우 기본요금을 제외할 경우 여름에는 약 24,300원, 봄, 가을에는 약 17,760원, 겨

알기 쉬운 경제학

울에는 약 23,790원의 전기요금이 나온다. 주택용이 단지 50kWh 를 더 사용했으나 요금은 산업용보다 많게는 2배 이상 많이 나온다. kWh당 요금을 보더라도 저압전력은 최초 59.2원/kWh이고 최고 81 원/kWh이나 가정용은 최저 93.3원/kWh이고 최고 280.6원/kWh로 산업용보다 비싼 요금체계를 갖고 있다.

이러한 누진제 요금으로 인해 가정용 전기는 많이 사용하면 할수 록 비싼 전기요금을 부담하고 산업용은 용도별 차이가 있으나 전반 적으로 가정용 최저요금 수준의 전기요금을 내며 전기를 사용한다. 그래서 늘 명동 한복판에 가면 에어컨을 켜놓고 문을 열고 장사하 는 가게를 많이 볼 수 있다. 이들에게 전기는 물이나 공기처럼 저렴 하지만 우리 서민들에게 전기는 금이나 다이아몬드처럼 비싸다.

오래된 자료이긴 하나 2013년 자료를 보면 우리나라의 1인당 소비 전력 중에 약 14%만이 가정에서 사용되고 나머지 86%는 산업용으 로 사용된다. 매년 여름 전기부족 때문에 전력을 아껴 써야 하는 캠 페인을 일반 시민 대상으로 하지만 이것은 큰 효과가 없다. 일반 가 정에서 전기를 10% 아껴 봐야 전체 전기의 1.4%만 덜 쓸 수 있다. 반대로 산업현장에서 전기를 10% 아끼면 전체 전기의 8.4%를 아낄 수 있다. 정말 가정에서 전기를 절약하는 것은 벼룩의 간을 빼먹는 것과 같다.

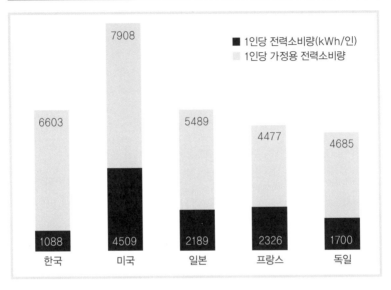

출처: ecoview.or.kr

소비자들은 이러한 전기요금의 차이를 잘 알고 있음에도 왜 전기를 비싸게 구매해야 할까? 이는 산업용 전기시장과 가정용 전기시장이 철저하게 구별 가능하기 때문이다. 산업용 전기가 저렴한 것을 모두가 알지만 가정에서 산업용 전기를 사용할 수가 없다. 산업용 전기는 산업시설에 있는 송전설비를 통해 공급되고 가정용 전기는 가정용 시설에 설치된 송전 설비를 통해서 공급되기 때문에 전기라는 동일한 제품을 철저하게 다른 두 시장에 공급할 수 있다.

같은 제품을 서로 다른 소비자에게 다른 가격에 판매하는 것을 가격 차별이라고 한다. 2018년 한여름 우리들은 더워도 전기 외에는

알기 쉬운 경제학

에어컨을 돌릴 다른 대안이 없기 때문에 전기를 사용할 수밖에 없었다. 이 말은 경제학 용어로 수요의 가격탄력성이 낮다는 것이다. 즉, 전기요금의 가격이 비싸도 인간적인 삶을 누리기 위해서는 필수적으로 전기가 필요해서 사용하는 것이고 전기요금이 저렴해도 불필요한 전기를 더 많이 쓰지 않는 것이다. 한국 전력도 이를 알기 때문에 가정에 비싼 요금을 부과하는 것이다. 남과 북이 한민족이지만 철조망으로 철저하게 구분되어 서로 만날 수 없는 것처럼, 공장의 전기와 우리 아파트의 전기는 같은 전기이지만 절대로 만날 수 없는 것과 같은 이치이다.

한국전력에서 가격 차별을 하면 어떤 점이 좋은가? 이는 산업용 전기시장에 저렴하게 파는 전기로 인해서 손실 혹은 적은 이익이 발생하면 그 공백을 가정용 전기시장에서 전기를 비싸게 팔아서 채울 수 있다. 가격 차별이 성공하기 위해서는 전기시장처럼 각각의 소비자가 각 시장에 접근할 수 없어야 한다.

우리나라 전자제품 회사들은 미국시장에서 저렴하게 제품을 팔고 한국시장에서 비싸게 제품을 팔아 왔다. 인터넷이 발전하기 전에는 우리나라 소비자들이 미국시장에 쉽게 접근할 수 없었다. 즉, 가격 차별을 할 수 있는 시장 분리가 가능했다. 그러나 지금은 인터넷, 통신, 운송수단의 발전으로 이렇게 지리적으로 분리된 시장의 경계를 쉽게 넘을 수 있다. 앞으로 더욱 운송수단이 발전하고 운송비가 저렴해지면 우리나라 전자제품이 우리나라보다 미국에서 더 저렴하게 팔리는 현상은 없어질 것이다.

 **개념 정리**

- 수요 vs 수요량

  수요는 어떤 물건이나 서비스를 구매할 능력과 의지가 있는 것이며 수요량은 특정 가격에 해당 물건이나 서비스를 구매하고자 하는 양. 수요는 구매하려는 의지이며 수요량은 특정가격에 구매하려는 양을 의미함

- 공급 vs 공급량

  공급은 어떤 물건이나 서비스를 팔 수 있는 능력과 의지가 있는 것이며 공급량은 특정 가격에 해당 물건이나 서비스를 팔고자 하는 양. 공급은 팔려고 하는 의지이며 공급량은 특정가격에 팔려고 하는 양을 의미함

- 수요 변화 vs 수요량 변화

  수요 변화는 동일한 가격이라 할지라도 구매하려고 하는 의지의 변화이며 수요량은 주어진 가격에 따라 구입하려는 양임. 즉 수요곡선 자체의 이동은 수요의 변화하고 수요곡선에서의 가격을 따라 하는 이동은 수요량의 변화임

- 공급 변화 vs 공급량 변화

  공급 변화는 동일한 가격이라 할지라도 판매하려고 하는 의지의 변화이며 공급량은 주어진 가격에 따라 판매하려는 양임. 즉 공급곡선 자체의 이동은 공급의 변화이고 공급곡선에서의 가격에 따라 이동은 공급량의 변화임

- 수요의 가격탄력성

  가격이 변화할 때 수요량이 변하는 정도. 가격탄력성이 1보다 크면 가격변화보다 수요량의 변화가 더 큰 것이며, 1보다 작다면 가격변화보다 수요량의 변화가 더 작은 것이다.

알기 쉬운 경제학

- 공급의 가격탄력성

  가격이 변화할 때 공급량이 변하는 정도. 가격탄력성이 1보다 크면 가격변화보다 공급량의 변화가 더 큰 것이며, 1보다 작다면 가격변화보다 공급량의 변화가 더 작은 것이다.

- 수요의 소득탄력성

  소득이 변함에 따라 수요량이 변화하는 정도. 소득이 증가하는 규모보다 수요량이 더 크게 증가하면 이는 탄력적이라고 하고 반대로 소득이 증가하는 규모보다 수요량이 더 크게 감소하면 이는 비탄력적이라고 한다.

- 열등재

  제품이나 서비스의 가격이 하락하는데도 수요가 감소하는 재화나 서비스

- 정상재

  제품이나 서비스의 가격이 하락하면 수요가 증가하는 재화나 서비스

- 기펜제

  제품이나 서비스의 가격이 상승하면 수요가 상승하는 제품이나 서비스

- 가격 차별

  동일한 제품이나 서비스를 소비자에 따라서 다른 가격을 책정하여 공급하는 것

- 거품

  제품이나 서비스의 가격이 내재가치보다 더 높게 가격이 오르는 것

PART

4

**당신은
행복한가?**

2008년 금융위기 이후 한때 우리 사회에 유행했고 지금도 유행하는 단어가 소확행이다. 작지만 확실한 행복이라는 것이 우리 사회의 한 모습이다. 예를 들어, 일요일 오전 11시 근사한 카페에 가서 브런치를 먹는다거나, 퇴근할 때 편하게 택시를 타고 퇴근하거나, 금요일 밤에 맥주 한잔을 마시면서 넷플릭스의 영화를 볼 때 우리는 작지만 행복을 느낀다.

왜 작은 행복을 추구하는 것이 우리 사회의 유행처럼 번졌을까? 이는 우리가 아무리 열심히 일해도 이보다 더 큰 행복을 누릴 수 없기 때문이 아닐까 한다. 과거 우리 부모님 세대들은 첫 아이를 낳았을 때 큰 행복을 느꼈다고 한다. 그러나 지금은 아이를 낳는 것은 고사하고 결혼하는 것도 매우 큰 경제적 부담으로 다가와서 결혼조차 꺼리고 있다. 막상 결혼했다고 해도 어려운 경제여건, 아이를 키우기 위험한 환경으로 인해 많은 부부들이 아이를 갖고 싶지만 이를 꺼려한다.

이러한 상황에서 큰 행복을 찾는 것이 언제부터인가 사치가 되어 버렸다. 큰 행복을 얻기 위해서는 부단히 많은 노력을 해야 하고 그렇다고 할지라도 그 행복이 보장되지 않는다. 그러나 작은 행복은 작은 노력을 한다면 쉽게 그 행복을 느낄 수 있다. 그래서 많은 사람들이 자신만을 위한 작은 행복을 찾기에 여념이 없는지 모르겠다.

돈 벌면
왜 바람피울까?

어릴 때 한창 재미있게 보던 드라마가 〈사랑과 전쟁〉이었다. 단골 소재는 불륜, 시댁과의 갈등, 배우자의 과거문제 등이 있었는데 그 중에서 불륜을 다루는 에피소드를 재미있게 보았다. 두 부부가 집안의 반대에도 불구하고 어렵게 결혼을 하고 신혼생활을 시작했다. 부부의 힘겨운 노력으로 사업도 번창하고 경제적으로 어디 부족할 것이 하나도 없다. 그러면 둘이 재미있게 살면 되는데 꼭 남편이나 혹은 아내가 바람이 나서 결국 이혼법정까지 와서 '4주 후에 뵙겠습니다.'라는 말을 듣고 끝났다.

경제학에서 '효용'이라는 개념이 있다. 효용은 어떤 물건이나 서비스를 소비할 때 느끼는 주관적인 만족이다. 쉽게 이야기하면 소비를 하면서 내가 느끼는 만족이다. 이러한 만족은 사람마다, 그리고 같은 사람이라도 처한 상황에 따라 다르다. 예를 들어, 당신이 한여름에 뙤약볕 아래에서 1시간 동안 달리기를 했다고 가정하자. 너무 목이 말라서 편의점에 가서 1.5리터 포카리스웨트 1병을 샀다. 허겁지겁 뚜껑을 열고 한 모금을 마셨다. 정말 시원할 것이다. 그러고도 갈증이 가시지 않아 또 한 모금을 마셨다. 여전히 갈증이 덜 가셔서 또 마셨다. 그리고 계속 마셨다.

여러 번 마신 포카리스웨트 중에 첫 번째 한 모금이 가장 달콤하고 시원했을 것이고 마지막에 마신 한 모금이 가장 덜 맛있었을 것이다. 이렇듯 우리는 어떤 한 종류의 제품을 소비할 때 추가적인 소비가 증가할수록 그에 대한 만족감 혹은 행복감이 감소한다. 이런 것을 경제학 용어로 '한계효용체감의 법칙'이라고 한다. 한계라는 것은 '증분'이라는 뜻이다. 즉, 처음 포카리스웨트를 마셨을 때 만족감과 두 번째 포카리스웨트를 마셨을 때 느끼는 만족감의 차이가 증분이다. 이러한 증분 효용이 포카리스웨트를 마시면서 감소하는 것을 한계효용체감의 법칙이라고 한다. 극단적으로 갈증이 다 가셨는데도 포카리스웨트를 계속 마시면 당신은 포카리스웨트를 마시면서 얻는 만족보다는 고통이 더 클 것이다.

한계효용과 총효용의 관계								
	1	2	3	4	5	6	7	8
한계효용	20	15	10	5	0	−5	−10	−15
총효용	20	35	45	50	50	45	35	20

위의 표를 보면 포카리스웨트를 한 모금씩 마셨을 때마다 느끼는 효용을 측정할 수 있다고 가정하여 마시는 양에 따라 한계효용을

알기 쉬운 경제학

측정하였다. 첫 한 모금 때에는 20이라는 만족을 느꼈고 두 모금을 마시면 15라는 한계효용을 느꼈다. 마지막 여덟 모금을 마실 때는 만족감이 들기는커녕 고통이 따라서 한계효용이 마이너스였다. 합리적인 소비자라면 포카리스웨트를 몇 모금 마셔야 할까? 갈증이 다 없어져서 총 효용이 가장 높은 지점까지 포카리스웨트를 마셔야 한다. 그러므로 다섯 모금까지 마셔야 한다.

한 모금 마셨을 때 총효용은 한 모금 마셨을 때 한계효용과 동일하고 두 모금 마셨을 때 총 효용은 한 모금 마셨을 때 한계효용과 두 모금 마셨을 때 한계효용을 더하면 된다. 이런 식으로 총 효용을 계산하면 네 모금 마셨을 때 가장 높은 총 효용이 되고 다섯 모금째부터는 총효용이 감소한다.

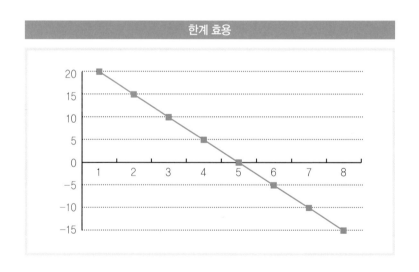

한계 효용

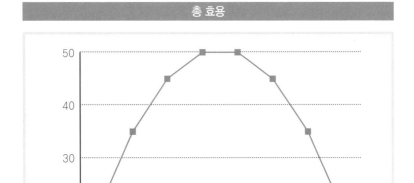

총 효용

한계효용은 포카리스웨트를 지속적으로 소비할수록 감소하고 있다. 5번째 모금에서는 한계효용이 0이 되고, 즉 포카리스웨트를 마시나 안 마시나 우리의 만족에는 아무런 차이가 없게 된다. 여섯 번째 모금부터는 오히려 포카리스웨트를 마시는 게 고통이 되어서 우리의 한계효용은 마이너스가 된다. 반면 우리의 총효용은 첫 모금부터 증가하면서 다섯 번째 모금에서 가장 높은 50이 되고 그 이후에 감소한다. 총효용은 한계효용의 합이며 한계 효용이 0일 때 총효용이 가장 높아진다.

돈도 이와 유사하다. 대학을 졸업하고 3년째 취업이 안 돼서 편의점에서 아르바이트를 하며 월 100만 원을 버는 취업준비생이 있다고 하자. 이 취업준비생이 정말 극적으로 대기업에 취업해서 월 300

알기 쉬운 경제학

만 원을 받게 되었다고 하자. 이 친구는 기분이 어떨까? 매우 행복할 것이다. 그 친구가 회사에서 일을 잘하고 운도 좋아서 창업을 했고 창업한 회사가 세계적인 기업이 되었다고 가정하자. 그 기업의 회장으로 월급이 한 달에 100억 원씩 받게 되었다고 하자. 물가가 많이 올라서 인사팀에서 올해 연봉을 3% 인상하기로 결정했고 회장도 당연히 연봉이 올랐다. 그래서 이제 이 친구는 월 100억 원에서 103억 원을 받게 되었다고 하자.

이 친구의 입장에서 처음 취직해서 200만 원의 월급이 올랐을 때와 연봉인상으로 3억 원의 월급이 올랐을 때를 비교하면 어떤 때가 더 행복할까? 아마도 전자의 경우일 것이다. 세계적인 기업의 회장으로서 월급여를 100억 원을 받나 200억 원을 받나 별로 차이가 크지 않을 것이다.

급여에 있어서는 한계효용체감의 법칙이 엄청나게 강하게 지배해서 추가적인 급여의 증가가 더 이상 이 친구에게 행복을 가져다주지 않을 것이다. 이 친구는 그럼 어디서 행복을 얻게 될까? 세계적인 기업의 회장으로서 이 친구는 자신이 인류를 위해서 무언가를 할 경우 혹은 자신의 명예가 드높여졌을 경우, 급여가 인상되거나 더 많은 부를 얻었을 때보다 더 큰 만족을 얻게 될 것이다.

같은 이유로 사랑과 전쟁의 주인공들이 열심히 노력해서 이제 먹고 살 걱정이 없는 부자가 되면 이들에게 돈은 더 이상 행복을 가져다주지 못한다. 오히려 가족과의 단란함, 사회적 명성, 개인적 취미 활동으로 인한 즐거움 등 비금전적인 부분들이 더 많은 행복을 가져다줄 것이다. 사랑과 전쟁의 주인공은 젊었을 때 먹고사는 데 바빠 취미도 없고, 아이들은 벌써 훌쩍 다 커 버리고, 사는 게 바빠 인간관계도 유지 못해서 결국 남는 건 원초적 만족 혹은 자신이 못 가져본 연애의 설렘에 더 큰 행복을 느낄 것이다. 그래서 해서는 안 될 짓임을 알고도 불륜을 저지른 것이다.

사랑과 전쟁의 주인공은 돈에 대한 한계효용이 0에 다가가면서 그 효과가 사회적으로 바람직하지 않은 방향으로 전개되었다. 그러나 세계적인 부자인 빌 게이츠, 워런 버핏 같은 사람들은 돈에 대한 한계효용이 0에 다가가면서 좀 더 사회적으로 긍정적인 효과를 내는 방향으로 인생을 살기 시작하였다. 빌 게이츠는 게이츠 재단을 만들어서 많은 사회사업을 하고 있고 워런 버핏 역시 엄청나게 많은 돈을 기부하면서 전 세계적인 존경을 받고 있다. 워런 버핏이 주식투자를 돈을 벌기 위해서 할까? 워런 버핏에게 주식투자는 더 이상 돈을 버는 수단이 아니라 자신의 명예를 드높이는 수단일 것이다.

외국뿐만 아니라 우리나라에서도 이러한 사례는 많이 발견된다. 대기업 회장님들은 자신들의 기업이 좀 더 크는 것보다 자신이 사회로부터 존경받는 기업인이 되는 것을 더 신경 쓸 것이다. 혹은 기업가로서 스티브 잡스처럼 혁신의 아이콘이 되고 싶을 것이다. 그래서 남들이 하지 않는 혹은 실패할 가능성이 높지만 성공하면 혁신가로 불릴 수 있는 그러한 사업에 몰두하게 되는 경향이 높을 것이다.

내 월급은
왜 안 오를까?

누구에게나 인생의 황금기가 있듯이 나에게도 인생의 황금기가 있었다. 첫 직장이 마음에 들지 않았으나 운이 좋아 그곳에서 나의 능력을 펼칠 기회를 얻었고 그로 인해 많은 이직 기회가 있었다. 여러 회사의 러브콜이 많아서 현재 직장에서 계속 커리어를 쌓을지 혹은 이직을 통해서 다른 경험을 할지 행복한 고민을 하고 있었다. 당시 난 젊었고 새로운 경험을 하고 싶어서 이직했다. 이직하면서 승진도 하고 연봉도 상당히 인상되었다. 그리고 10년이 지난 지금 나의 연봉은 그때의 연봉과 동일한 믿지 못할 현상에 당도했다. 그 10년 동안 난 더 많은 경험을 했고 더 많은 교육을 받았지만 내 연봉은 여전히 10년 전 그 숫자에 머물러 있다.

월급은 왜 안 오를까? 월급을 결정하는 요인은 여러 가지가 있다. 업종, 경력, 직급, 교육수준, 경기 상황 등 다양한 요인이 월급 수준에 영향을 미친다. 그중에서 가장 중요한 것은 능력이며 이는 곧 생산성이다. 생산성이라는 말을 구체화하면 1년간 월급 이상으로 더 벌어야 한다는 것이다. 자동차 회사에서 차를 판매하고 있다고 가정하자. 1년에 차를 팔아서 회사에 기여하는 이익이 1억 원이라고 하자. 그럼 연봉의 상한선은 어디일까? 당연히 1억 원이다. 연봉이 1억보다 높으면 어떤 일이 발생할까? 회사는 적자가 될 것이고 적자가 누적되면 회사는 망할 것이다. 그러므로 월급을 결정하는 가장 중요한 요소는 월급 받는 사람이 과연 그 월급 이상의 가치를 '하느냐 하지 못하느냐'이다.

물가가 오르는데도 왜 월급은 그대로일까? 물가는 매년 3%가 오르고 월급은 매년 2%가 오르면 실질적으로 월급은 매년 1% 삭감된 것이라고 할 수 있다. 월급이 오르지 않는 것은 우리나라 기업들의 경쟁력이 낮아져서 1인당 생산성이 낮아졌기 때문이다.

10년 전의 나보다 지금의 나는 일 처리를 더 빨리하고 효율적으로 해서 생산성이 높아졌는데 왜 내 월급은 그대로일까? 생산성에서 개인의 역량이 영향을 주지만 더 크게 영향을 주는 것은 자신이 일하고 있는 회사의 시스템이다.

2016년 OECD 국가의 1인당 GDP를 보면 룩셈부르크가 $102,831로 가장 높았고 가장 낮은 국가는 멕시코로 $8,201이었다. 우리나라는 OECD 국가 중에 22위로 $27,533이었다. 1인당 GDP라는 것은 그 국가의 1인당 평균 소득이라는 것을 의미한다. 룩셈부르크는 1인당 우리 돈으로 1억 원 이상의 연봉을 받고 우리나라는 2016년에 1인당 평균적으로 약 3천만 원의 연봉을 받았다. 룩셈부르크에 있는 노동자들이 우리나라 노동자보다 더 일을 잘해서 그런가?

물론 그럴 수도 있겠으나 1인당 GDP의 차이는 개인의 역량 차이라기보다는 사회제도적 차이로 인해서 발생할 가능성이 높다. 룩셈부르크에서 일하는 노동자의 역량과 우리나라 노동자의 역량을 봤을 때 급여 차이가 4배 이상 나는 것을 정당화하지 못할 것이다. 차이가 있다면 룩셈부르크와 우리나라의 일하는 방식일 것이다. 예를 들어, 룩셈부르크에 있는 코카콜라를 만드는 공장은 완전 자동화가 되어서 우리나라에서 코카콜라를 생산하는 것보다 4배나 더 많이 생산할 수 있을 것이다.

OECD 주요 국가 1인당 GDP		
	국가별	1인당 GDP(USD)
1	룩셈부르크	102,831
2	스위스	78,813
3	노르웨이	70,812
4	아일랜드	61,606
5	아이슬란드	59,977
6	미국	57,467
7	덴마크	53,418
8	스웨덴	51,600
9	오스트레일리아	49,928
10	네덜란드	45,295
11	오스트리아	44,177

12	핀란드	43,090
13	캐나다	42,158
14	독일	41,936
15	벨기에	41,096
16	영국	39,899
17	뉴질랜드	39,427
18	일본	38,894
19	이스라엘	37,293
20	프랑스	36,855
21	이탈리아	30,527
22	한국	27,533

출처 : KOSIS, 통계기획과

이처럼 임금의 차이가 나는 것은 개개인의 능력이기보다 그 능력을 발휘하는 사회제도에 기인할 가능성이 높을 것이다. 우리나라 안에서도 중소기업의 임금은 대기업의 63% 수준이다. 이 말은 중소기업에 있는 노동자는 대기업의 노동자보다 더 일을 못한다고 볼 수 있을까? 물론 대기업에 있는 직원이 중소기업의 직원보다 더 일을 잘한다고 할 수도 있겠으나 그 잘함의 차이가 중소기업의 임금이 대기업에 비해서 40% 낮은 것을 정당화할 정도로 차이가 크지 않을 것이다. 중소기업에서 회계를 담당하는 직원이 삼성전자에서도 회계

　　　　　　알기 쉬운 경제학

를 담당할 수 있을 것이다. 중소기업에서 자동차 부품을 만드는 직원이 현대자동차에서 신입직원처럼 교육을 받으면 자동차 생산라인에서 일을 할 수 있을 것이다.

급여의 차이를 가져오는 여러 가지 이유가 있으나 그중에서 가장 큰 이유는 생산성이고 생산성을 결정하는 것은 일하는 방식이다. 당신이 중소기업에서 저임금을 받고 시달린다고 할지라도 당신의 역량이 낮은 것이 아니다. 운이 없어 효율적으로 생산성을 높일 수 있는 시스템이 있는 회사를 만나지 못했을 뿐이니 자신을 자책하거나 자신의 능력을 의심할 필요는 없다.

불행의 씨앗은
남들과의 비교로부터

나에게 가장 힘든 시기가 언제냐고 물어보면 미국에서 공부할 때라고 자신 있게 말할 수 있다. 남들은 오히려 미국유학까지 다녀온 내가 부럽고 외국 생활을 오래도록 한 내가 부럽다고 하지만 나에게 미국 유학생활은 불행의 연속이었다. 특히 MBA 기간에 난 종종 우울감에 빠졌다.

나는 페이스북이나 인스타그램을 잘 하지 않았다. 페이스북 같은 SNS를 한다는 것이 왠지 나의 삶의 철학에 반하는 것 같아 의도적으로 거부했다. 그러던 어느 날 월요일 아침만 되면 클래스 친구들은 주말에 같이 시간을 보낸 일들을 이야기했다. 도대체 왜 난 그런 행사가 있었는지 몰랐을까? 나중에 알고 보니 페이스북을 통해서 친구들이 서로의 안부를 묻고 행사를 공지했었다. 아웃사이더 시절은 20대 초반으로 충분했기에 인사이더가 되기 위해서 당장 페이스북을 시작했다.

페이스북을 통해서 클래스가 어떻게 돌아가는지 누구와 누가 사귀는지 어디서 파티가 있는지 다 알게 되었다. 그러나 MBA 유학을

알기 쉬운 경제학

온 내 목표는 미국 취업이기에 금방 그러한 활동들이 우선순위에서 벗어났고 어느 순간에는 페이스북의 알람이 날 괴롭게 했다.

난 인터뷰 연습을 하고 여름 인턴을 잡기 위해 고군분투하는데, 미국인 친구들은 어떤 회사에서 여름 인턴을 할지 행복한 고민을 하고 주말마다 놀러 다니며 행복한 사진들을 올렸다. 그러한 행복한 사진을 보고 댓글들을 읽을 때마다 원인 모를 우울감에 휩싸였다. 그리고 어느 순간 우울감의 정체는 남들과의 비교에서 온다는 것을 알았다. 그렇다고 SNS를 안 할 수는 없는 노릇이었다. 더 행복해 보이기 위해서 난 가족들과 지내는 사진, 친구들과 밥 먹는 사진, 같이 공부하는 사진 등 다양한 일상생활을 SNS에 올리고 난 행복하다고 울면서 소리쳤다.

SNS에서 겪는 나의 일화는 비단 나만 겪는 문제는 아닐 것이다. 누구나 한 번쯤은 겪어 보는 문제일 것이다. 우리나라는 2016년 1인당 GDP가 $27,533이나 되었고 2018년에는 선진국이라고 부를 수 있는 1인당 GDP가 $30,000불을 넘을 것이라고 예상하는데 왜 우리나라 사람들은 자신들이 행복하지 않다고 하는 사람이 많을까?

유엔 산하 자문기구인 지속가능발전해법네트워크(SDSN)에서 2018년 세계행복보고서를 발표했다. 세계행복보고서는 전 세계 156개국의 각 나라의 국민들이 느끼는 행복감이다. 156개국 중 1위는 핀란드가 차지했고 상위권에 든 국가들은 노르웨이, 덴마크, 아이슬란드, 스웨덴 같은 북유럽 국가들이 많았다. 아시아에서는 대만이 26위로 가장 높았고 우리나라는 2017년 55위에서 두 계단 하락한 57위를 기록하였다. 최하위는 내전과 기아에 시달리는 아프리카와 중동의 빈민 국들이 차지했다. 최하위를 기록하는 특이한 상황의 나라들을 제외하고 상위권의 국가들은 주로 북유럽의 국가들이 차지했다.

우리나라와 북유럽 국가들과의 행복에 영향을 주는 가장 큰 차이는 빈부격차이다. 북유럽 국가들은 사회보장제도가 잘 되어 있는 국가이다. 사회 보장이 잘 되어 있다는 뜻은 국민들이 경제적 불안에 상대적으로 덜 시달린다는 뜻이다. 내가 지금 실직을 한다면 재취업을 걱정하고 당장 나가야 하는 대출금 이자를 걱정하고 당장의 생계를 걱정해야 할 것이다. 그래서 절대로 회사를 그만두기 어려울 것이다. 북유럽의 경우, 실직한다 해도 가족이 충분히 생계를 유지할 실업급여가 나오고 나보다 재취업 기회도 많을 것이고 아이들의 교육도 나보다는 덜 걱정할 것이다. 우리나라는 소득에 있어서 고소득자와 저소득자의 빈부격차가 크다. 게다가 좁은 나라에 너무 많은 인구가 살고 있어서 나의 삶과 타인의 삶을 쉽게 비교할 수 있다. 이러한 비교에서 오는 상대적 박탈감은 우리를 불행하게 만든다.

2012년에 우리나라 국민들이 느끼는 행복지수는 소폭 상승했고 그 이후에 지속적으로 하락하고 있다. 우리나라 1인당 소득은 매년 증가하고 우리나라 국민들은 이전보다 부자가 됐음에도 행복하지 않다고 느끼는 사람이 더 증가했다.

국민행복지수 연도별 변화(단위: 점수)

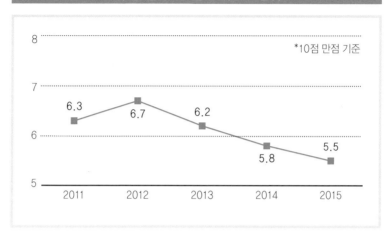

출처: 스마트행복포럼

 나는 부자가 됐지만 옆집 길수는 더 부자가 됐고, 나는 집에서 저녁을 먹으려고 퇴근하지만 퇴근길에 있는 레스토랑에서는 아랫층 선용이네가 외식을 하고 있다. 친구들의 인스타그램을 보면 5월 황금연휴 기간에 해외여행을 가지만 나는 부모님을 모시고 국내여행을 간다. 우리는 평균적으로 다 같이 잘 살게 되었으나 부자들은 더 부자가 되었고 가난한 사람은 조금 덜 가난하게 되었다. 나라가 잘 살수록 국민들 간의 빈부격차가 커져서 그에 따른 비교가 우리를 불행하게 한다.

월소득10분위별	우리나라 계층별 소득분포			
	2003		2016	
	월급여	비율	월급여	비율
1분위	638,957	2.4%	983,137	2.2%
2분위	1,213,987	4.6%	1,910,654	4.3%
3분위	1,598,817	6.1%	2,617,417	6.0%
4분위	1,927,149	7.3%	3,210,917	7.3%
5분위	2,232,278	8.5%	3,742,155	8.5%
6분위	2,569,499	9.8%	4,277,337	9.7%
7분위	2,919,431	11.1%	4,892,489	11.1%
8분위	3,368,899	12.8%	5,649,715	12.9%
9분위	4,023,426	15.3%	6,725,705	15.3%
10분위	5,809,644	22.1%	9,950,723	22.6%

출처: 통계청, 가계동향조사

2003년과 2016년을 비교하면 가장 소득이 적은 가구와 가장 소득이 많은 가구의 비율은 큰 차이가 안 난다. 각 계층별 비율도 2003년과 2016년을 비교하면 의미 있는 차이가 있다고 볼 수 없다. 그러나 뚜렷한 것은 2003년의 10분위 월평균 소득과 1분위 월평균 소득의 차이는 5,170,687원이었고 2016년의 차이는 8,967,686원으로 확대되었다. 이 차이는 단지 가장 월평균 소득이 높은 가구와 가장 월평균 소득이 낮은 가구뿐만 아니라 각 계층 간의 소득 차이도 같이

알기 쉬운 경제학

확대되었음을 보여준다. 이는 시간이 흐르면서 우리나라가 전체적으로는 부자가 되었으나 빈부격차는 더 커졌다고 볼 수 있다.

우리가 자본주의 사회에서 사는 이상 우리는 늘 이러한 빈부격차를 감수해야 하고 거기에서 오는 상대적 박탈감에 적응해야 한다. 자본주의 시스템은 자신의 노력으로 미래를 개척하는 동기부여와 활력을 주지만 동시에 실패한 사람들이나 덜 성공한 사람들에게 상실감을 줄 수 있다는 것은 피할 수 없는 숙명이다. 이러한 상실감을 줄이기 위해서 국민연금, 의료보험, 실업급여, 노인수당, 아동수당, 저소득층 지원 같은 부의 재분배를 위한 제도를 도입했다. 더 많은 복지제도를 도입하기 위해 논의 중이니 너무 낙담하지 말고 기운 내고 하루를 살더라도 행복하게 살길 희망한다.

👆 개념 정리

- 효용

  재화나 서비스를 소비할 때 느끼는 주관적인 만족

- 한계효용

  재화나 서비스를 추가로 소비할 때 느끼는 추가적인 주관적 만족

- 총효용

  재화나 서비스를 소비힐 때 느끼는 주관적인 만족의 총 합계

- 1인당 생산성

  총 생산한 재화나 서비스를 이를 생산하기 위해서 필요한 노동자의 총 수로 나눈 값

- 사회주의

  생산수단을 공공이 보유하고 모두의 만족을 최대의 가치로 생각하는 사회체제

- 소득재분배

  사회에는 부자와 가난한 사람이 있는데, 부자의 소득을 더 낮게 만들고 가난한 사람의 소득을 더 높게 만드는 정책

PART

5

왜 늘
불황이야?

영화 〈베테랑〉을 보면 유아인이 여러 공감되는 이야기를 하지만 나는 그중에서 '10년 전에도 경제가 어려웠고 작년에도 경제가 어려웠다고, 경제가 좋은 적이 한 번도 없었다.'라는 대사가 많이 공감된다. 왜냐하면 우리 부모님도 내가 어릴 적부터 그런 말씀을 너무 자주하셨기 때문이다. 초등학교 때 부모님이 대화하는 것을 들으면 '손님이 별로 없어서 걱정이야.'라는 이야기를 많이 들었고, 고등학생이 되어도 똑같은 이야기를 들었다. 두 분의 대화를 들으면서 정말 부모님이 장사하시는 동안에는 왜 늘 손님이 없고 장사가 안 될까라는 궁금증이 많이 생겼다.

어른이 돼서 직장을 다녀도 회사 경영진들은 늘 불황이고 앞으로 불확실성이 많아서 위기라고 말했다. 뉴스를 보더라도 경제가 좋다는 이야기보다는 경제가 어렵고 불황이라는 이야기가 더 많이 기억에 남는다. 그렇게 경제가 어려웠지만 난 보너스를 받은 해가 보너스를 못 받은 해보다 많았다. 경제가 어려웠고 불황이었지만 돈도 모아서 결혼도 했고 미국 유학도 다녀왔다. 경제가 어렵지만 나뿐만 아니라 주변의 많은 사람들이 월급을 모아 저축하고 월세에서 전세로 옮기고, 다시 더 큰 전세집으로 옮기고 결국은 자기 집을 마련하는 사람을 많이 보아 왔다.

경제가 늘 불황이었다면 이런 일이 가능할까? 매년 1998년 IMF 같은 시기나 2008년 금융위기 같은 시기를 보내면 내 주변에서 돈을 모아서 재산을 불려나가는 사례를 찾기 매우 어려웠을 것이다. 우리가 사는 동안 경제가 어려운 시기도 있었겠지만 분명히 경제가 좋았던 시절도 있었다. 우리가 경제가 좋은 시기를 잘 기억하지 못하는 것은 안 좋은 시기만을 기억하려고 하기 때문일 것이다.

뉴스를 보면 경제가 좋을 때는 특별히 지금이 살기 좋은 시절이라고 이야기를 잘 안 한다. 오히려 경제가 어려울 때 뉴스들은 비관적인 부분을 보도하기를 좋아하고 때로는 그 내용을 과장하기까지 한다. 베네수엘라의 경제위기, 그리스의 경제위기, 터키의 경제위기 등 신흥국들의 경제 위기로 인해서 우리나라도 경제 위기가 올 것 같은 생각이 들게끔 보도를 하는 경향이 있다. 뉴스에서 금리폭등, 환율폭락, 물가상승이라는 용어를 자주 사용하면서 경제가 위기라는 보도를 많이 한다. 과연 금리, 환율, 물가의 세 남매가 무엇이기에 경제 뉴스에서 이리도 자주 언급될까?

한국은행 금리가
나랑 무슨 상관이야?

한은 부총재 "통화정책, 부동산만 겨냥할 수 없어…
기준금리, 한은이 중립·자율적으로 결정"

"윤면식 한국은행 부총재는 14일 "통화정책이 부동산 가격만을 겨냥할 수는 없다"고 말했다. 윤 부총재는 이날 오전 서울 중구 한은 본부에서 출근길에 기자들과 만나 "통화정책이 주택가격이나 거시경제 안정을 위해 중요하다."면서도 이같이 말했다. 이어 "경기와 물가 같은 거시상황, 부동산 가격을 포함한 가계부채와 금융안정을 종합적으로 감안해야 한다"고 덧붙였다.

윤 부총재는 또 "저희도 주택가격의 상승을 많이 우려하고 논의하고 있다"며 "완화적 통화정책은 주택가격을 포함해 자산 가격 상승 요인이 되는 것이 사실이고 그러한 자산 가격 경로를 통해서 통화정책이 작동하는 것"이라고 설명했다. 그러면서 "최근 주택가격 상승은 전반적 수급불균형, 특정 지역 개발계획에 따른 기대심리가 복합적으로 작용한 결과라고 생각한다"고 강조했다.

시장에서는 한은 금통위가 연내 한차례 기준금리 인상에 나설 것으로 전망하고 있다. 한은이 연말까지 금리를 올리지 않으면 한·미 기준금리 차가 최대 1.0%포인트까지 차이가 나기 때문이다. 일각에선 내수부진 악화 등 변수가 줄어든다면 10월 또는 11월에 한은이 기준금리 인상에 나설 것으로 관측하고 있다."

위의 내용은 2018년 9월 14일 경향비즈에 실린 금리 인상에 대한 기사이다. 내용은 부동산 가격을 잡기 위해서 금리를 인상해야 한다는 기사이다. 금리는 돈을 빌려 가는 사람이 돈을 빌린 대가로 돈을 빌려준 사람에게 지급하는 이자이다. 그러므로 금리는 이자율과 같은 말이다. 이자율은 누군가가 임의로 결정하는 것이 아니라 돈을 빌려주는 사람과 돈을 빌리는 사람이 결정한다. 세상에는 돈을 빌리려고 하는 많은 사람들이 존재하고 동시에 이 돈을 빌리려고 하는 많은 사람들이 존재한다. 이러한 사람들의 힘겨루기를 통해서 금리가 결정된다.

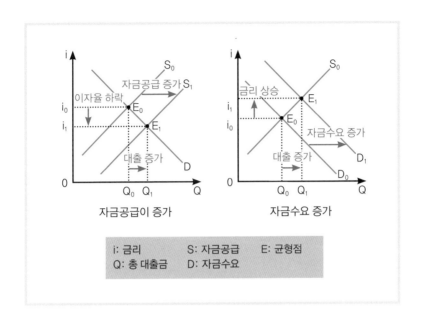

자금공급이 증가   자금수요 증가

i: 금리   S: 자금공급   E: 균형점
Q: 총 대출금   D: 자금수요

   돈을 빌려주는 사람은 시장에 자금을 공급하고 돈을 빌리는 사람
은 시장에서 자금을 수요하는 사람이다. 위 그림처럼 두 세력이 만
나서 금리가 결정된다. 만약 돈을 빌리려는 사람보다 돈을 빌려주
는 사람, 즉 자금공급이 증가하면 금리가 하락하게 되고 반대의 경
우는 금리가 상승하게 된다. 이렇듯 금리는 시장에서 자금의 수요와
공급을 통해서 결정되는데 왜 한국은행은 시장의 자금 수요 공급을
무시하고 자신들이 마음대로 금리를 결정하려고 하는가?

   실제 시장에서 금리는 여러 가지가 있다. 일반적인 금리는 앞서 본
수요와 공급에 의해서 결정된다. 그러나 기준금리는 한국은행이 결
정한다. 기준금리를 알기 위해서는 한국은행과 시중에 있는 은행들

간의 관계를 알아야 한다. 이 책을 읽는 독자들은 돈을 빌리거나 예금을 할 때 한국은행을 가지 않고 신한은행, 우리은행, 국민은행 같은 시중 은행을 방문한다. 한국은행은 우리나라의 돈을 찍어낼 수 있는 유일한 은행이고 국내 은행들의 은행 같은 역할을 한다. 신한은행에 고객이 몰려서 예금을 인출할 경우 일시적으로 신한은행에서 보유한 현금이 모자랄 때 신한은행은 한국은행을 통해서 돈을 빌린다. 신한은행이 보유하고 있는 돈을 다 대출하고도 돈이 남을 경우 신한은행은 한국은행에 예금을 한다. 기준금리라는 것은 한국은행이 시중은행과의 자금거래를 할 때 적용되는 금리이다.

2018년 9월 15일 현재 한국은행 기준금리는 1.5%이다. 이 말은 한국은행이 시중 은행들과 자금거래를 할 때 이 금리를 적용해서 자금거래를 한다는 의미이다. 신한은행에서 한국은행에 돈을 빌려갈 때는 연 1.5%의 이자율로 빌려가고 한국은행도 신한은행에 돈을 빌려줄 때는 연 1.5%로 돈을 빌려준다는 것이다. 이러한 기준금리는 한국은행이 세계경제, 한국경제 등 경제 상황을 보고 결정한다.

기준금리는 한국은행 내에 있는 의사결정 기구인 금통위(금융통화위원회)에서 그 수준과 인상, 인하 여부를 결정한다. 2016년까지는 매달 금통위 회의가 있었으나 2017년부터 연 8회의 회의만 한다. 즉, 2016년까지는 금통위가 매달 모여서 금리를 인상할지 혹은 인하할지 결정을 했지만 2017년부터는 1년에 8번만 모여서 금리 인상, 인하 여부를 결정한다. 2018년 금통위는 1월, 2월, 4월, 5월, 7월, 8월, 10월, 11월에 회의를 개최하기로 하였다. 2017년 11월 기준금리를 1.5%로 정한 이후로 2018년 9월까지 기준금리는 1.5%로 유지되고 있다.

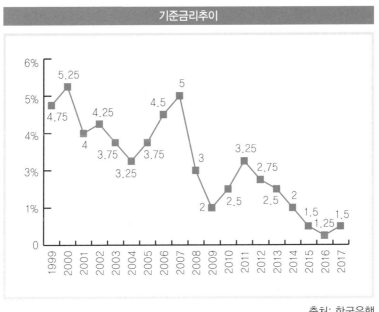

기준금리추이

출처: 한국은행

한국은행에서 결정하는 기준금리가 우리 생활에 어떤 영향을 미칠까? 한국은행의 기준금리는 시중은행들이 모자라는 자금을 한국은행으로부터 빌릴 때 적용되는 금리이므로 시중은행들의 원가가된다. 그러므로 시중은행에서 우리 같은 독자들에게 돈을 빌려줄 때최소한 자신들이 한국은행으로부터 빌리는 돈보다 높은 이자율로돈을 빌려준다. 보통 시중은행에서 일반인에게 빌려주는 금리는 기준금리+α로 구성되어 있다. α는 개개인의 신용등급 혹은 담보 유무에 따라 변동된다. 그러므로 우리의 신용등급이나 담보의 가치가 변화가 없더라도(즉, α가 변동이 없더라도) 한국은행이 기준금리를 인상하면 우리의 대출 이율이 증가하고 기준금리를 낮추면 우리의 대출 이자율이 낮아진다.

만약 한국은행이 기준금리를 1.5%에서 20%로 증가시키면 어떤 일이 발생할까? 실제 이런 극단적인 경우는 발생할 가능성이 낮지만 이해를 위해서 이러한 극단적인 경우를 상정하였다.

당신이 무주택자라면 연 20% + α의 금리로 돈을 빌릴 것인가? 아니면 주택 구입을 미룰 것인가? 대다수의 사람들은 이렇게 금리가 인상되면 주택구입을 미루거나 대출로 집을 산 사람들은 이자비용이 너무 과도해서 집을 팔아서 다시 전세나 월세로 주거를 옮길 것이다.

이러한 상황에서 사람들은 돈을 소비하는 것보다 저축하는 것을 선호할 것이다. 1년간 예금 금리가 20%나 되면 사람들은 돈을 쓰는 데 있어 큰 부담을 느낄 것이다. 즉, 내가 이 돈을 안 쓰고 저축하면 연간 20%의 이자소득이 생기지만 이 돈을 쓰면 연간 20%의 이자 수입을 포기하는 것이다. 돈의 소비에 대한 기회비용이 증가해서 사람들은 돈을 덜 쓰게 된다. 돈을 덜 쓰게 되면 사람들은 마트에서 물건을 덜 구입할 것이다. 그래서 물건이 잘 안 팔릴 것이다. 그러면 기업들은 물건 가격을 더 낮출 것이다. 그러므로 금리가 인상되면 물가가 떨어진다.

예금금리가 20%라면 주식투자를 할 것인가? 예금을 할 것인가? 주식에 투자해서 1년에 20% 수익을 내기란 쉽지 않다. 그러므로 주식투자를 하는 많은 사람들은 주식투자 대신 예금을 할 것이다. 그러므로 주식시장에서는 주식을 팔려는 사람이 사려는 사람보다 많아서 주가가 하락하게 된다.

미국에 있는 투자자들은 한국의 금리가 너무 비싸서 한국은행에 자신들의 돈을 예금하려고 할 것이다. 미국사람들이 한국에 예금하기 위해서는 달러를 원화로 바꿔야 한다. 많은 미국 사람들이 달러를 팔고 원화를 살 것이다. 그러면 달러의 가치는 하락하고 원화의 가치는 상승할 것이다. 그러므로 환율이 하락하게 된다. 예를 들어 금리가 1.5%일 경우 원달러 환율이 1,000원/$이고, 금리가 20%라면 원달러 환율이 500원/$라면 과거에는 $1로 1,000원을 구입했지만 지금은 $1로 500원을 구입하기 때문에 같은 달러로 더 적은 원화를 구입한다. 그러므로 달러의 가치는 하락한 것이다. 이는 반대로 이야기하면 원화의 가치가 상승한 것이고 환율이 하락한 것이다. 환율이 하락한 것은 원화의 가치가 상승한 것이고 환율이 상승한 것은 원화의 가치가 하락한 것이다.

그러므로 우리나라 제품이 해외에서 비싸므로 잘 팔리지 않고 해외의 물건들은 우리나라 원화로는 저렴하므로 잘 팔리게 된다. 즉, 수입이 증가하고 수출이 감소하게 된다. 전반적으로 소비는 줄어들고 예금은 늘어나고 수입은 잘 되고 수출은 잘 안 되는 상황이 발생한다.

반대로 금리가 인하되면 어떤 일이 발생할까? 지금 기준금리가 1.5%이지만 기준금리가 오히려 0%가 되었다고 가정하자. 기준금리가 0%라면 시중은행은 한국은행에서 돈을 빌리는데 공짜로 빌리는 것과 같다. 그러므로 주택담보대출 금리도 인하될 것이다. 사람들은 더 많이 주택을 구입하고 이자비용이 낮아져서 빚을 내서라도 집을 구입할 것이다. 집을 팔려는 사람보다 집을 구입하려는 사람이 증가해서 집값은 상승하게 된다.

은행에 예금해도 돈에 이자가 붙지 않으니 사람들은 은행에 예금하는 것보다 이 돈을 소비하거나 주식투자를 하는 것을 선호하게 된다. 그러므로 주식을 살려는 사람은 증가하고 주식을 팔려는 사람은 감소하기 때문에 주가가 오르게 된다. 미국에 있는 투자자들이 한국에 있는 은행에 예금을 하더라도 이자수익이 없으니 우리나라에 예금을 하지 않고 다시 미국으로 돈을 들고 갈 것이다. 미국으로 돈을 들고 가기 위해서는 그들이 우리나라에서 갖고 있는 원화를 팔아서 달러를 사야 한다. 외환시장에서 원화는 팔려는 사람이 더 증가해서 환율은 상승할 것이다. 환율이 상승한다는 것은 우리나라 돈의 가치가 하락한 것이다. 그러므로 우리나라 제품이 해외시장에서는 저렴해지고 수입품은 국내시장에서 비싸진다. 수출이 증가하고 수입은 감소하게 된다.

그러나 여전히 국내 소비자들은 돈을 저금하지 않고 계속 소비하기를 원한다. 그러므로 기업들이 생산하는 제품보다 더 많은 물건을 소비자들이 소비하기 때문에 제품이 모자라게 되고 이는 제품의 가격을 인상시킨다. 즉, 물가가 오르게 된다.

위의 두 가지 시나리오를 요약하면 한국은행이 기준금리를 올리면 물가가 하락하고, 수입이 증가하지만 소비가 위축된다. 즉, 경제가 전체적으로 침체된다. 반대로 한국은행이 기준금리를 내리면 물가가 상승하고, 수입이 감소하지만 경제 전체적인 소비가 증가해서 경제가 활성화된다. 이러한 인위적인 정책을 '통화정책'이라고 한다. 경제가 어려울 경우 한국은행은 의도적으로 기준금리를 낮춰서 경제를 활성화시키려 하고 경제가 너무 호황일 경우 한국은행은 의도적으로 기준금리를 높여서 경제를 진정시키려고 한다.

한국은행이 2018년 9월 기준으로 차후 금리를 인상할 것을 고려한다. 나는 앞으로 회사에서 위기라는 이야기를 더 많이 듣게 될 것이고, 서민들은 살기가 더 각박해졌다는 이야기를 더 하게 될 것이다. 뉴스는 물가하락 등 경제가 안 좋다는 이야기를 더 자주 할 것이다. 그러나 이 중에서도 웃는 사람이 있다. 우리나라 상위 1% 부자들이다. 이들은 금리가 올라가면 전반적인 물가가 낮아져서 자산을 구입할 절호의 기회가 될 것이다. 부동산 가격은 하락해서 이들은 이전보다 더 저렴하게 부동산을 구입할 것이다. 우리가 어려울 때 이들이 더 부자가 된다고 배가 아픈 건 아니다. 단지, 나와 같은 서민은 경기가 좋을 때도 힘들었는데 앞으로 더 힘든 경제생활을 할 것이라는 생각에 걱정이 앞서는 것일 뿐이다.

미국이 금리 인상하는데
왜 우리가 호들갑이지?

우리나라 뉴스를 보면 미국에 대한 뉴스가 많이 나온다. 우리가 자주 접하는 미국 뉴스는 크게 3가지이다. 트럼프 대통령이 김정은 하고 싸웠다가 화해했다는 뉴스, 미국의 어떤 학교에서 총기난사로 많은 인명 피해가 났다는 뉴스, 마지막으로 미국의 금리가 올랐다는 뉴스이다. 첫 번째 뉴스는 우리나라와 북한과의 긴장이 완화될지 더 경색될지 중요하기 때문에 충분히 우리가 들어야 할 뉴스이다. 두 번째 뉴스는 인도적인 차원에서 마음이 아픈 뉴스이며 이러한 뉴스를 들을 때마다 우리 정부가 총기규제를 해서 얼마나 고마운지 느낀다. 마지막 뉴스는 왜 우리가 들어야 할까? 미국 금리 오른 것과 내가 무슨 관계가 있다고?

미국 금리가 오르고 내리는 것은 나와 관계가 많다. 삼국시대의 고구려 빼고 우리 역사는 대부분 다른 나라를 침공한 역사라기보다 침략을 당한 역사이다. 조선시대까지 우리나라에 가장 많은 영향을 준 국가는 중국이었고 그 이후에는 미국이었다. 우리는 강대국일 때 보다 약소국일 때가 많았다. 약소국의 설움은 남들 눈치를 많이 봐

알기 쉬운 경제학

야 한다는 것이다.

IMF 집계에 따르면 2018년 GDP(국내 총생산)로 측정한 국가별 경제 순위에 미국이 1위에 올랐으며 우리나라는 12위에 올랐다. 올림픽 참가국 기준으로 전 세계 국가는 206개국이다. 전 세계 206개 국가 중에 12위면 상위 5.8%이다. 수능 등급으로 상위 4%이면 1등급이고 상위 11%이면 2등급이다. 우리나라는 수능 기준으로 2등급이지만 이는 상위 1등급에 매우 가까운 2등급이다. 이 정도면 우리나라가 경제규모 면에서 약소국이라고 하기에는 너무 자기비하가 아닌가 하는 생각을 한다. 그러나 영화 〈넘버 3〉에서 누가 그랬던가. 모든 건 넘버 1이 다 해 먹는다고. 넘버 2나 넘버 3나 별반 차이 없다고.

2018년 명목 GDP를 보면 미국이 전 세계 GDP의 27.6%를 차지한 다. 우리나라는 전 세계 206개 국가 중에 GDP 규모가 12위이며 비율로는 전 세계 GDP의 2.3%를 차지한다. 미국, 중국 두 나라가 전 세계 GDP의 46.6%를 차지하고 나머지 204개국이 53.4%를 차지하고 있다. 정말 〈넘버 3〉에 나온 것처럼 몇몇 국가들이 전부 차지하고 나머지는 매우 비중이 낮다. 우리 경제가 세계 순위 12위이지만 세계 경제에 미치는 영향을 볼 경우 우리는 여전히 세계 경제의 2.3%를 차지하는 약소국이다. 극단적으로 우리나라가 지구상에서 없어져도 미국이나 중국에는 어떤 일이 일어나겠는가? 단기적으로는 좀 충격이겠지만 겨우 2.3%이기 때문에 금방 충격에서 헤어 나올 것이다.

그러나 하루아침에 미국이 지구에서 사라지면 어떤 일이 발생할까? 어마어마한 일이 발생할 것이다. 왜냐하면 미국은 우리나라와 다르게 전 세계 경제의 27.6%를 차지하는 강대국이기 때문이다. 증시에 미국이 기침만 해도 우리나라는 독감에 걸린다는 말이 있다. 이는 단적으로 미국이 우리나라 경제에 미치는 영향, 나아가 세계 경제에 미치는 영향이 어떠한지 보여주는 것이다.

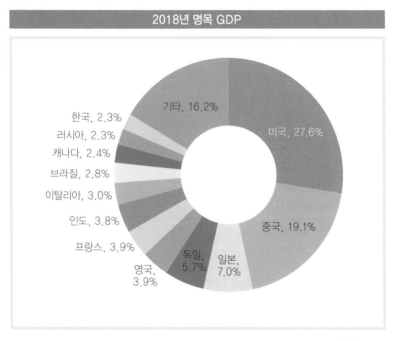

2018년 명목 GDP

기타, 16.2%
한국, 2.3%
러시아, 2.3%
캐나다, 2.4%
브라질, 2.8%
이탈리아, 3.0%
인도, 3.8%
프랑스, 3.9%
영국, 3.9%
독일, 5.7%
일본, 7.0%
중국, 19.1%
미국, 27.6%

출처: IMF

알기 쉬운 경제학

우리나라와 미국의 GDP성장률, 1995 -2003

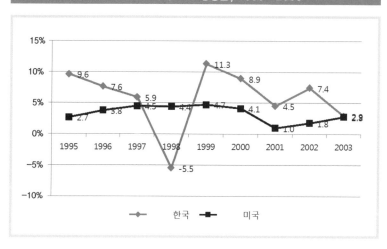

출처: KOSIS, 국가통계원

 1998년 우리나라와 동남아시아 국가들은 최악의 경제 위기를 맞았지만 미국을 비롯한 선진국들은 경제 호황을 누렸다. 우리나라는 1998년 경제성장률이 −5.5%였으나 미국은 4.4%로 경제 호황을 누렸다.[2]

_____

2) 선진국 경제에서 경제상장률이 3% 이상이면 호황으로 분류된다.

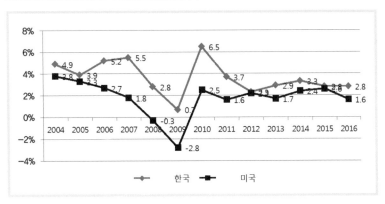

우리나라와 미국의 GDP성장률, 2004 -2016

출처: KOSIS, 국가통계원

반면에 2008년 미국은 주택시장 붕괴로 인해서 큰 불황을 겪었다. 우리나라는 2004년부터 중국 경제의 호황으로 경제가 성장하였다. 우리는 아무런 잘못을 한 게 없었으나 미국의 주택 시장 거품이 꺼지면서 미국은 극심한 불황을 경험했다. 미국의 2008년 경제성장률은 -0.3%였고 2009년에는 -2.8%였다. 미국의 불경기로 인해서 잘나가던 우리나라 경제도 급브레이크가 걸렸고 그로 인해 2008년 우리나라 경제성장률은 2.8%로 급감했고 2009년에는 0.7%로 하락하였다. 우리는 아무 일도 안 했지만, 미국이라는 경제대국이 병이 들자 우리도 같이 병이 들었다.

이러한 이유로 인해서 우리는 미국의 금리 인상 혹은 인하 뉴스에 촉각을 세우는 것이다. 미국에서 금리를 인상하면 어떤 일이 발생할까? 미국의 은행들은 예금자에게 더 높은 이율을 제공할 것이다. 미

알기 쉬운 경제학

국 소비자들은 소비를 하기보다 저축을 할 가능성이 높아진다. 미국의 금리가 높아져서 전 세계에 나가 있던 미국의 자금이 다시 미국 내로 몰린다. 그러한 돈들이 다시 미국으로 돌아가기 위해서는 미국 달러로 교환해야 한다. 외환시장에서는 미국달러에 대한 수요가 증가하고 다른 통화에 대한 수요가 감소한다. 결과적으로 미국 달러화의 가치가 증가한다. 미국 달러화의 가치가 증가한다는 것은 원화의 가치가 하락하는 것과 동일하다. 자금들은 미국으로 흡수되고 우리나라에 있는 미국 돈들도 빠져나간다.

우리나라에 있는 미국 돈이 빠져나가기 위해서 주식시장에 있던 미국인 투자자들이 주식을 판다. 주식을 사는 사람보다 파는 사람이 증가해서 주가는 폭락한다. 미국으로 돈들이 건너가기 위해서는 달러로 바꿔야 하기 때문에 외환시장에서 달러를 사게 된다. 이 말은 원화를 팔게 된다. 즉, 우리나라 돈의 가치가 떨어진다. 외환시장이 불안해지고 경제 주체들의 마음이 동요하게 된다. 이를 진정시키기 위해서는 미국 돈이 우리나라를 나가지 않게 해야 한다. 미국 돈이 우리나라를 나가지 않게 하기 위해서 한국은행은 미국보다 더 높은 이자를 미국 투자자에게 준다고 제시해야 한다. 그러면 미국 돈은 다시 우리나라로 올 것이다. 결과적으로 우리나라도 금리가 오르게 되고 이는 인위적인 경기 하락을 의미한다. 그러므로 미국이 금리를 올린다는 이야기는 앞으로 불황이 시작된다는 의미와 동일하다. 반대로 미국이 금리를 내린다는 의미는 앞으로 경제가 좋아질 것이라는 의미이다.

왜 우리나라를 비롯한 많은 나라의 중앙은행[3]들은 금리를 왜 인위적으로 조절하려고 하는가? 그것은 과도한 경기침체와 경기 호황을 방지하려고 하기 때문이다. 경제는 선순환과 악순환을 한다. 소비자들이 소비를 늘렸다고 가정하자. 그러면 기업들은 더 많은 물건을 생산한다. 이를 위해 더 많은 사람을 고용한다. 사람의 수는 일정하기 때문에 더 많은 사람을 고용하기 위해서 높은 임금을 지급한다. 이는 우리 아버지, 어머니의 월급이 올라가고 소비자들은 다시 돈이 많아져서 더 많은 소비를 하게 된다는 의미이다. 이러한 현상이 계속 발생하면 결국은 네덜란드의 튤립 가격처럼 자산들의 가격이 치솟아서 거품이 형성될 수 있다. 거품이 터지는 날 그 충격은 오로지 서민들이 받아야 하고 거품이 크고 멋질수록 그 반대급부는 길고 비참하다.

반대로 소비자들이 물건을 안 산다고 가정하자. 기업들은 공장 가동을 줄이고 일이 없어진 기업들은 직원들을 해고한다. 이 말은 우리 아버지, 어머니가 일자리를 잃는 것과 같다. 일자리가 없어지면 소비자들은 물건을 사고 싶어도 살 돈이 없다. 그러면 소비가 더 감소하고 이는 다시 기업들이 생산을 추가적으로 더 축소한다. 이러한 일이 반복되면 1920년대 전 세계에서 발생한 대공황과 같은 일이 일어난다. 대공황 때 많은 서민들이 고통받았다. 우리나라는 IMF 때 많은 이들이 실직의 고통을 겪었고 지금도 현재진행 중이다.

---

3) 우리나라의 한국은행처럼 그 나라의 돈을 찍어내는 은행

이러한 극단적인 경우를 사전에 예방하기 위해서 각 국의 중앙은행들은 금리를 통해서 경기가 너무 과열되지 않도록 혹은 경기가 너무 침체되지 않도록 조정하려고 한다. 이것이 우리가 말한 통화정책이다. 즉, 금리를 올리면 시중의 돈이 은행으로 몰려서 시중에 유통되는 돈이 감소하고 금리를 내리면 사람들이 은행에 있는 돈을 찾아 쓰기 때문에 시중에 유통되는 돈이 증가한다. 돈이 감소하면 곧 경기하락 혹은 브레이크를 의미하고 돈이 증가하면 경기 상승 혹은 엑셀러레이터를 의미한다. 경기가 좋을 때는 브레이크를 밟고 경기가 안 좋을 때는 엑셀러레이터를 밟는다. 브레이크를 밟는다는 것은 이제까지 너무 좋았다. 이제 천천히 속도를 줄여야 한다. 안전벨트 매고 단단히 준비해라는 신호인 것이다. 반대로 엑셀러레이터를 밟는 것은 이제까지 너무 힘들었다. 이제 속력이 빨라질 테니 속도감을 즐기라는 것과 같은 의미이다.

환율과 경제위기는
바늘과 실

  IMF와 2008년의 금융위기는 최근에 우리가 경험한 불황이다. 두 불황의 공통점은 경기 호황 뒤에 찾아왔다는 것이다. IMF 전인 1995년, 1996년은 정말 나에게도 최고의 해였다. 김건모의 '잘못된 만남'이 히트 치며 대학가는 늘 밤늦도록 술을 마셨다. 졸업만 해도 여러 군데에 취직이 잘 됐고 사람들은 걱정이 없었다.

  그때 나는 바쁜 아버지를 돕기 위해 주말마다 아버지 가게에서 아르바이트를 했던 기억이 있다. 인심도 좋았고 사람들의 얼굴에는 활기가 있었다. 그 당시 다양한 장르의 음악들이 대중에게 소개됐다.

  유럽의 중세를 지나 르네상스가 시작된 것은 풍부한 경제력과 경제 호황 덕분이다. 고대 아테네 문명과 로마 문명이 발달한 것도 풍족한 경제력이 이를 뒷받침했기 때문이다. 돈 걱정이 없어지면, 즉 생존에 대한 걱정이 없어지면 우리들은 좀 더 고차원적인 것을 고민하고 그러한 고민들이 다양한 음악 장르와 같은 예술의 융성이라는 결과물로 나타났다. 2006년과 2007년에 나는 집도 넓히고 보너스도 받고 정말 풍족했다. 회사 생활이 원래 이렇게 풍요로운 것이라는 착각이 들었다. 매년 목표달성을 하고 격려금이 나왔다.

두 불황의 차이점은 IMF 당시 우리나라 기업의 경쟁력이 글로벌 기업에 비교해서 낮았고 2008년 불황의 시기에는 우리나라 기업의 경쟁력이 글로벌 기업과 비교해서 대등한 수준이었다. 그래서 2008년 불황은 IMF 당시처럼 극심한 경기침체를 가져오지 않았다.

불황이라는 것은 경제가 안 좋다는 것이다. 우리나라 경제가 안 좋으면 외국에 있는 누가 우리나라에서 사업을 하려고 할까? 즉, 우리나라가 불황일 경우 우리나라에서 사업을 하면 망하는데 누가 사업을 하려고 할까? 그러므로 우리가 불황일 경우 외국인들의 돈이 우리나라를 빠져나간다. 우리나라에 있는 외국 돈이 우리나라를 빠져나가기 위해서는 우리나라 돈을 달러로 교환해야 한다. 우리나라 돈은 팔고 미국 달러를 사는 현상이 발생한다. 그러면 자연스럽게 우리나라 돈의 가치는 하락하고 달러의 가치는 상승한다. 그러므로 경제 위기는 늘 환율과 같이 일어난다.

1994년부터 1996년 우리나라 원/달러 환율은 800원~900원/$를 유지했으나 IMF가 발생하면서 연평균 환율이 1,700원/$까지 치솟았다. 한때 2,000원/$에 육박하기도 하였다. 2008년 금융위기 때 평균환율은 1,259원/$로 상승하였으나 장중 한때 1,500원/$까지 상승하였다. 우리나가 경제가 위기이면 외국 자본이 우리나라를 빠르게 빠져나가기 때문에 환율이 상승하는 것이다. 환율이 상승한다는 것은 우리나라 돈의 가치가 국제적으로 낮아졌다는 것을 의미한다. 우리나라 돈의 가치가 낮아졌다는 것은 우리나라가 점차 망해간다

는 것이다. 누구도 우리나라 돈을 갖고 싶어 하지 않는 것이다. 그러
므로 경제 위기는 늘 환율과 같이 시작한다. 환율은 외환시장에서
수요와 공급에 의해서 시시각각 변하기 때문에 경제위기를 알려주
는 일종의 지표 역할을 한다.

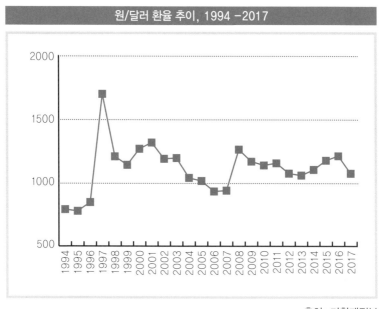

원/달러 환율 추이, 1994 -2017

출처: 기획재정부

환율이 경제위기와 함께 변동하는 것은 우리나라의 일만이 아니
다. 아프리카의 빈곤국, 남미의 경제 위기 등 모든 경제 위기가 발생
한 국가는 자국 통화의 가치하락을 경험한다. 당신이 지금 경제위기
를 겪는 베네수엘라 돈을 바꿔서 베네수엘라에 투자하고 싶을까?

알기 쉬운 경제학

베네수엘라
초인플레이션의 해법은?

경제위기가 오면 환율이 급등한다고 하였다. 환율이 급등한다는 것은 우리나라 돈의 가치가 떨어진 것이다. 돈의 가치가 떨어지면 우리나라의 물가는 어떻게 변할까? 예를 들어 아마존에서 아이폰이 한 대에 $1,000에 팔리고 현재 환율이 1,000원/$라고 하자. 아이폰 수입에 대한 관세, 운송비가 없다고 가정해 보자. 우리가 $1,000짜리 아이폰 한 대를 구매하기 위해서는 100만 원을 지불해야 한다. 그런데 갑자기 경제 위기가 발생해서 환율이 3,000원/$로 급등했다고 가정하자. 동일한 아이폰을 사기 위해서 우리나라 사람들은 300만 원을 지불해야 한다. 즉 수입품의 물가가 3배나 오른 것이다. 경제 위기가 오면 이처럼 환율이 상승하고 수입품의 가격이 치솟는다. 수입품의 가격이 상승하는 것은 물가상승으로 이어진다.

우리나라든 외국이든 타국과 교류 없이 자기 경제 안에서 모든 것을 해결하는 나라는 없다. 그러므로 경제가 움직이고 제대로 작동하기 위해서는 외국과의 교역이 필수적이다. 환율은 외국과의 교역에 있어 균형을 맞춰 준다. 경제 위기가 발생하면 환율이 상승하면서 수입품의 물가가 비싸지고 동시에 국내에서 생산하는 제품들의 물가도 같이 오른다. 즉, 가격이 오르게 된다. 월급은 그대로인데 가격만 오르게 되면 갑자기 사람들의 실제 소득이 줄어드는 효과가 나타나고 이로 인해 소비도 같이 감소한다. 소비가 감소하면서 전체적인 경기 하락을 가져오고 이것이 극심하면 경제 위기로 변한다.

최근에 베네수엘라가 경제위기를 많이 겪고 있고 우리나라 정치인들은 베네수엘라 경제위기를 자신들이 유리한 대로 해석하며 국민들에게 자신들이 실행하고 싶은 경제정책을 지지해 달라고 호소한다. 베네수엘라는 석유매장량이 전 세계 1위 석유 부국이며 당연히 대표적인 수출품은 석유이다. 한마디로 경제 자체가 석유에 의존한다. 국제 유가가 상승할 경우 베네수엘라는 경제 호황을 경험했고 반대로 국제 유가가 하락할 경우는 극심한 경제 불황을 경험했다. 금융위기 전 원유가격은 배럴당 한때 $120을 넘었으나 금융위기 이후 원유 가격은 배럴당 $40까지 하락하였다. 2008년 금융 위기 전 베네수엘라는 최고의 경제 호황을 누렸고 그 결과 2007년 경제성장률은 8.7%였다. 그 이후 원유가격이 하락하면서 베네수엘라의 경제성장률은 2009년 −3.2%까지 하락하였다. 그 이후에도 낮은 경제성장률을 보이고 있으며 최근 원유 가격이 배럴당 $70을 회복하고 있지만 2018년 베네수엘라의 경제성장률은 약 −15% 수준으로 추정하고 있다.

이와 동시에 베네수엘라는 극심한 인플레이션을 겪고 있다. 2018년 7월 24일자 중앙일보 보도에 의하면 경제위기로 인해서 베네수엘라는 연간 100만%씩 초 인플레이션을 겪을 것으로 예상하고 있다.

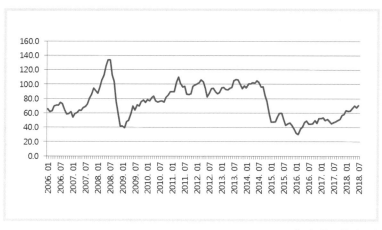

| 서부 텍사스 중질유 가격 추이 배럴/$ |

출처: 한국환경공단

　연간 물가가 100만%라는 것은 1월 1일 천 원짜리 새우깡 하나가 12월 31일에는 새우깡 한 개가 천만 원이 되는 것이다. 어마어마한 가격 상승이다. 이 정도의 인플레이션이면 식당에서 식사하는 중에도 물가가 2배씩 오르는 수준이다. 예를 들어 중국집에서 식사 전에 자장면 가격이 한 그릇에 5천 원이었는데 식사가 끝나자 자장면 가격이 한 그릇에 만 원 하는 것과 같은 것이다. 돈을 절약하기 위해서는 식사 전에 돈을 미리 내는 것이 유리하다.

　보통 우리나라 물가상승률이 2–3%이며 이를 넘어갈 경우 물가대란이라고 한다. 베네수엘라처럼 연간 물가상승률이 100만% 같은 경우를 초인플레이션이라고 한다. 초인플레이션이 발생하는 원인은 무엇일까?

베네수엘라 이야기를 좀 더 하면 베네수엘라는 석유를 판매해서 경제가 유지되었다. 베네수엘라 자체적인 원유 채굴 기술이 부족하여 많은 글로벌 석유 기업들이 베네수엘라에 진출하여 원유를 채굴하였다. 이미 이전에 쉽게 채굴할 수 있는 원유를 많이 채굴해서 베네수엘라에 남은 원유들은 상대적으로 중동국가에 비해서 채굴이 어려웠고, 원유의 품질 역시 중동의 산유국에 비해서 낮았다. 즉, 이는 원유를 채굴하기 위해서 중동의 국가들보다 다소 비싼 원가가 소요되지만 원유의 판매 가격은 낮다는 것과 동일하다. 그러므로 원유를 채굴하는 기업 입장에서도 수익성이 낮은 사업이었다. 2007년 최고의 경제호황으로 원유가가 천정부지로 치솟고 차베스 대통령으로 바뀐 베네수엘라는 이러한 글로벌 석유기업으로부터 경제적 자립을 하고 싶었다. 그래서 원유 채굴 설비들을 국유화하면서 이러한 기업들을 내쫓았다. 자신들이 원유를 채굴하고 그 돈을 자국의 산업을 육성하는 데 사용하였다. 나름대로 효과가 있어서 한때는 제조업 성장률이 10%를 넘기도 하였다. 그러나 베네수엘라 공무원의 부패 수준은 세계적으로 악명 높았으며 정치인들도 국민에게 환심을 사기 위해서 복지를 더 늘렸다. 베네수엘라 정부는 탄탄한 제조업이 국가 경제 기반이 되면 석유에 의존하는 경제를 탈피하고 추가적인 경제성장 동력이 생겨서 자국민들에게 복지혜택을 더 많이 줘도 경제가 지탱할 것으로 예상했다. 그러나 글로벌 금융 위기가 오면서 석유 가격은 폭락했고 차베스 정부가 추진하는 많은 정책들은 자금 부족을 겪고 여기에 공무원의 부패까지 심해지면서 경제는 추가적

알기 쉬운 경제학

으로 더 날아오르지 못했다. 결국 2017년 11월 베네수엘라 정부는 모라토리엄, 즉 외국으로부터 빌린 돈을 갚을 수 없다고 선언하면서 경제가 지금에 이르렀다.

모라토리엄은 우리로 따지면 신용불량자와 같은 신세가 된 것이다. 더 이상 어떤 국가도 베네수엘라에게 돈을 빌려주지 않았다. 그러나 베네수엘라는 돈이 필요했고 자신들이 필요한 돈을 중앙은행에서 계속 찍어냈다. 이 돈들이 해외로 나가지 못하고 계속 국내에 쌓이기 때문에 자국 돈이 너무 흔해졌고 결국 돈의 가치가 땅에 떨어진 것이다. 이는 곧 인플레이션(물가상승)으로 이어졌고 베네수엘라 정부는 돈이 더 필요할 때마다 계속 돈을 더 찍어내서 인플레이션이 초인플레이션으로 변했다.

이러한 상황에서 베네수엘라 정부가 해야 할 일은 무엇일까? 인플레이션의 1차적인 원인은 값어치가 없는 자국 화폐를 계속 발행한 것이다. 그러므로 당장 화폐를 발행하는 것을 멈춰야 한다. 그리고 정부는 화폐개혁을 통해서 너무 높아진 화폐단위를 낮춰야 한다. 베네수엘라 경제가 외국에 의존하기 때문에 외국으로부터 도움을 받아야 한다. 대표적으로 IMF 같은 국제 금융기관으로부터 자금을 받거나 미국이나 중국 같은 경제 대국으로부터 자금을 받아야 이를 해결할 수 있다.

이러한 초인플레이션이 유사한 사례는 우리 역사에 많이 있었다. 대표적으로 1차 세계대전 이후 독일이 경험한 초인플레이션이 있다.

1조 마르크 동전

독일은 1차 세계대전 이후 전쟁배상금 지급과 무너진 경제를 살리기 위해서 정부의 지출이 많았다. 돈 쓸 곳은 많았지만 돈 나올 구멍이 없었다. 이를 해결하기 위해서 독일은 자국의 마르크화를 계속 발행했고 결국 1919년에서 1921년의 3년 동안 물가가 무려 1조 배나 올랐다. 1924년에는 역사상 가장 단위가 큰 1조 마르크 동전도 발행했다. 이러한 상황에서 독일은 화폐개혁을 통해서 높아진 화폐단위를 낮추었다. 그리고 과도한 전쟁배상금 문제를 해결하기 위해 주변 국가로부터 배상금을 경감받았고, 정부 지출을 줄이면서 화폐를 발행하는 것을 감소시켰다. 이러한 노력으로 독일은 초인플레이션을 극복하였다.

여담이지만 뉴스를 보면 자유한국당 정치인들은 베네수엘라가 엉망이 된 이유가 복지를 남발해서 그렇다고 주장한다. 그래서 현 정부에서 복지를 남발하는 것은 국가 경제를 구렁텅이에 빠지게 한다고 이야기하고 있다. 그러나 여당은 이에 대해서 아니라고만 이야기

알기 쉬운 경제학

하고 자유한국당의 주장을 설득력 있게 반박하지 못했다.

나의 의견을 말하자면 베네수엘라가 현재처럼 어렵게 된 것은 퍼주기식 복지정책이 기여한 부분도 있다. 그러나 왜 베네수엘라는 퍼주기식 복지정책을 실행했을까? 베네수엘라도 국가이다. 우리나라 사람만 똑똑하고 많이 공부한 경제학자가 있는 것이 아니다. 베네수엘라에도 똑똑한 사람이 많고 평생 경제학을 공부한 학자도 많다. 이들이 이를 몰라서 퍼주기식 복지정책을 펼쳤을까?

앞서 이야기했듯이 베네수엘라는 석유로 인해 경제가 지탱되었다. 차베스 정부는 경제가 석유로부터 자립해야만 베네수엘라에 밝은 미래가 있다고 생각했다. 그래서 석유기업들을 국유화하며 글로벌 자본이 석유 시추 기출을 보유하는 이유로 많은 몫의 이윤을 가져가는 것을 줄였다. 그렇게 축적된 돈으로 우리나라가 경제성장 시기에 했던 것처럼 기간 산업을 발전시키고 농산품을 자립해서 생산하고자 했다. 그리고 결실이 보이기 시작했다.

베네수엘라 정부는 이러한 결실이 보이자 여기에 확고한 믿음이 생겼고 이제 국민들에게 퍼주기 복지를 해도 앞으로 베네수엘라는 더 잘 살 거라고 믿었기 때문에 문제가 없을 거라고 예상했다. 그러던 와중에 2008년 금융 위기가 발생하면서 모든 계획이 어그러져 버린 것이다.

비유를 하자면 한 가정의 가장이 아직은 부장이었는데 회사의 사장으로부터 내년 1월에 부장에서 상무로 진급시켜 준다는 소식을 들었다. 상무가 되면 지금보다 연봉이 두 배나 늘고 더 많은 복지혜택을 받을 수 있다. 가장은 식구들에게 고생은 끝났다고 전했다. 그날 가족은 한우 최상급 소고기를 먹으며 외식을 했다. 식사값만 50만 원이 나왔지만 괜찮아 보였다. 다음 날 강남 대치동으로 이사 가기 위해서 집을 보러 나갔고 은행에서 받은 대출을 통해 강남으로 이사했다. 또 내년 여름휴가는 알래스카의 15일짜리 크루즈 여행을 가족이 다 가기로 하며 예약했다. 4인 가족 여행비만 2천만 원이 든다고 하지만 상무가 된다는 확고한 믿음에 차서 이것저것 벌여놓았다.

1월이 됐다. 회사가 갑자기 어려워졌고 상무로 승진하기는커녕 회사에서 정리해고됐다. 앞으로 그 많은 주택담보 대출이자며 그동안 펑펑 사용한 돈은 어떻게 되겠는가?

앞으로 더 잘 살 거라는 확신이 있으면 사람은 현재의 소비를 늘리게 된다. 베네수엘라 정부도 앞으로 더 잘 살 거라는 확신이 있어서 국민을 위한 복지를 확대한 것인데, 예상치 못한 암초를 만나서 배가 가라앉게 된 것이다.

호황과 불황의
사이클

세상 이치가 항상 좋을 때만 있을 수 없듯이 항상 나쁠 때도 없다. 이는 경제에도 그대로 통용된다. 경제가 늘 좋지도 않고 늘 나쁘지도 않다. 항상 경제는 호황과 불황 사이를 시계추처럼 왔다 갔다 한다. 경제 불황의 힘이 더 강해지면 불황이 되고 호황의 힘이 더 강해지면 호황이 된다.

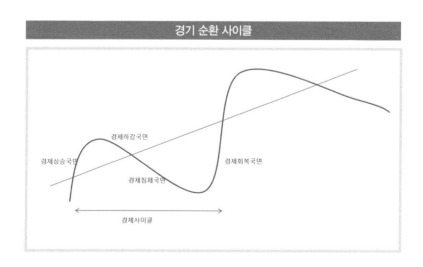

경기 순환 사이클

경제하강국면

경제상승국면

경제침체국면

경제회복국면

경제사이클

경제는 상승, 하강, 침체, 회복이라는 4가지 단계를 거친다. 상승 국면에서 다시 상승국면으로 오는 이 기간을 경제순환 사이클이라고 한다. 오름과 내림을 반복하지만 결국 제자리로 돌아오는 것이다. 건전한 경제는 이러한 굴곡의 흐름이 있지만 그 흐름 끝에는 우리의 삶이 더 좋아진 결과를 가져올 것이다. 이것이 경제가 성장하면서 겪는 건전한 흐름이다. 반면에 불건전한 경제 사이클은 호황과 불황이라는 경제 굴곡이 있지만 그 끝에는 이전보다 삶이 더 팍팍해진 결과가 있을 것이다. 이는 오히려 경제가 하락하면서 겪는 불건전한 흐름이다.

단기적으로 우리 인류의 경제성장은 불건전한 흐름을 겪을 때도 있었지만 좀 긴 흐름으로 살펴보면 대체로 건전한 경제 흐름을 겪었다. 10,000년 전의 경제보다 지금 경제가 더 많은 생산물을 생산했고 사람들의 삶의 질이 그때보다 비약적으로 향상된 것이 그 증거이다.

우리는 늘 경제가 호황이 되기를 바라지만 애석하게도 우리 경제는 그렇게 될 수 없다. 경제는 흐름을 타며 순환하는데 그 순환 주기가 여러 가지 원인에 따라 다르다. 우리나라의 경제 순환은 보통 5년이 그 순환이다. 초기 2년 동안은 경제가 성장하고 나머지 3년은 경제가 하락한다. 그래서 경제는 5년이 지나면 다시 순환의 제자리로 돌아온다.

우리나라 경제 순환이 5년과 밀접한 관련을 갖는 것은 우리나라 정치 제도와 관련이 높다. 우리나라 대통령의 임기는 5년이다. 세계

알기 쉬운 경제학

경제 상황과 무관하게 대통령들의 임기 초반에는 당선된 대통령은 높은 지지율을 갖고 이다. 그러한 높은 지지율을 바탕으로 적극적인 재정정책을 펼 수 있다.

재정정책이라는 것은 정부주도의 사업을 통해서 의도적으로 고용을 창출하는 것이다. 많은 사람들이 이명박 전 대통령의 4대강 사업을 쓸데없다고 비난했지만 경제정책으로 보자면 이는 1920년대 미국이 대공황을 극복하기 위해 사용한 뉴딜 정책과 유사하다. 이명박 대통령은 2008년에 취임했고 당시 세계경제는 미국발 금융 위기로 불황을 겪었다. 이를 해결하기 위해서 이명박 전 대통령은 4대강 사업이라는 대규모 토목공사를 한 것이다. 토목공사 결과 새로운 일자리가 정부에 의해서 창출되었다.

같은 맥락으로 문재인 현 대통령의 소득주도 성장도 바라볼 수 있다. 정부가 공공사업을 하고 더 많은 시간제 공무원을 채용하면서 인위적인 일자리를 정부의 자금으로 만들었다. 그래서 많은 사람들이 직업을 갖고 소득을 만들어서 이를 소비할 수 있게 되었다. 두 정책들은 정부가 추가로 돈을 더 지출해서 경기 부양을 목적으로 일자리를 만든 것이다. 이러한 정책을 펼칠 수 있는 배경은 임기 초반의 대통령에 대한 압도적인 지지율 때문이다. 어떤 대통령이 당선되건 간에 취임 초기에는 많은 국민들이 새 정부의 성공을 기원하며 대체로 높은 지지를 보낸다. 그러한 지지율을 기반으로 정부는 과감한 재정정책을 펼칠 수 있다. 그 결과 우리나라는 대통령 취임 후 2년 동안 경제가 성장하고 나머지 3년 동안 경제 성장이 하락하는 현상을 자주 보여 주었다.

이러한 현상은 우리 정치제도와 맞물려서 발생하는 현상이다. 시야를 넓게 보자면 경제순환은 크게 4가지 순환이 있다.

기간에 따른 경제순환		
파동이론	원인	기간
키친 파동	재고투자	40개월
쥬글러 파동	설비투자	8-10년
쿠즈네츠 파동	경제체질 변화	20-25년
콘트라티에프 파동	기술혁신, 전쟁 등	40-60년

가장 짧은 순환주기는 키친 파동으로 불리고 기간은 약 40개월이다. 키친 파동은 1923년 영국의 조셉 키친이 발견한 경기의 단기 파동이론이다. 경제는 평균 40개월을 하나의 순환주기로 해서 변동한다. 이러한 변동의 원인은 매출이 예상과 실제 발생하는 것의 불일치로 인해서 재고의 증가와 감소가 일어나면서 경기 순환을 가져온다. 재고가 증가하면 기업들은 생산을 줄인다. 그러므로 생산인력이 많이 필요하지 않다. 이는 곧 임금하락 혹은 해고로 이어진다.

생산이 감소한 상태에서 추가 생산을 덜 하게 되면 다시 재고가 부족해진다. 부족한 재고를 채우기 위해서 공장가동률을 높이고 인력을 추가로 고용하게 된다. 그 결과 경제가 좋아지게 된다. 그러나 곧 재고가 다시 많아져서 다시 임금감소 혹은 해고가 발생한다. 이러한 순환의 반복을 지속적으로 하는 것이 키친 파동이다.

중기 파동은 쥬글러 파동으로 순환 주기는 약 8-10년을 주기로 하고 설비투자가 주요 원인이다. 쥬글러는 1803년부터 1882년 동안 이자율, 금 가격, 중앙은행의 잔고 등을 분석할 결과 일정 주기를 거쳐서 경기 호황과 침체가 반복되는 것을 발견하였다. 이러한 중기 파동은 세계 경제 흐름에서 자주 관찰된다.

장기 파동은 쿠즈네츠 파동과 콘트라티에프 파동이 있다. 쿠즈네츠 파동은 근본적인 경제의 체질이 변하면서 경제 성장률 자체가 변동하는 것이다. 이는 약 25년을 주기로 순환한다. 콘트라티에프 파동은 40-60년을 주기로 순환하며 그 원인은 기술혁신이나 전쟁 같은 경제 전체적인 충격이라고 할 수 있다. 혁신적인 기술이 발명되면 경제는 이전과는 다른 차원으로 진입한다. 1000년 전 농업기반 경제와 현재의 정보기술기반의 경제는 차원이 다른 경제이다. 농업기반 경제에서는 경제의 호황과 불황이 반복되었지만 경제 수준이라는 측면에서 그 크기는 높지 않았다. 지금도 경제가 호황과 불황을 반복하지만 경제 수준은 과거보다 더 높아졌다.

경제 순환주기에 따라 다양한 이유로 설명하지만 경제순환, 즉 호황과 불황이 반복되는 근본적인 이유는 소비와 공급에서 찾을 수 있다. 생산하는 물건보다 더 많이 소비하려고 하면 경제가 호황이 되고 반대의 경우는 경제가 불황이 된다. 지금 우리가 살고 있는 경제체제는 자본주의 경제체제이다. 각자의 이기심들이 보이지 않는 손을 통해서 균형을 찾아간다. 다만 그 균형을 찾는 데 있어서 시간이 걸린다. 그 걸리는 시간이 계속해서 불황과 호황을 발생시킨다.

공산주의 혹은 사회주의 경제에서도 경제의 호황과 불황이 일어난다. 이러한 경제체제는 계획경제이다. 인간의 능력이 신처럼 뛰어나다면 정확하게 우리가 생산할 물건들을 정확한 수량으로 생산하고 이에 필요한 노동력, 자본, 자원 등을 정확하게 계산해서 투입할 수 있다. 그러나 애석하게도 우리 인간은 그럴 만한 능력을 갖고 있지 않다. 늘 생산과 소비를 계획하고 계산할 때 오차가 발생하고 그 오차로 인해서 경제의 불황과 호황이 발생한다. 경제의 순환은 우리의 불완전함 때문에 발생한다고 볼 수도 있다.

당신은 완전한가? 당신은 불완전할 것이다. 장점이 있으면 단점도 있을 것이다. 불완전한 당신이기에 당신도 경제처럼 호황과 불황을 겪지 않았나? 당신의 리즈 시절은 언제인가? 어떤 사람은 학창시절이 자신의 리즈 시절이라고 하고, 어떤 사람은 2년 전이, 어떤 사람은 지금이 자신의 전성기라고 한다. 자신의 전성기가 지났다고 너무 낙담하지 않기를 바란다. 경제처럼 당신의 전성기가 당신 앞에서 기다리고 있을 것이다. 반대로 자신의 전성기가 지금이라고 너무 자만하지 않기를 바란다. 앞으로 당신에게 기다리는 것은 경제처럼 인생의 침체기일 수도 있다.

알기 쉬운 경제학

개념 정리

- 금리
  돈을 빌리거나 빌려줄 때 정한 이자율

- GDP(국내총생산)
  1년간 한 국가에서 생산한 최종생산물의 가치

- 경제성장
  한 경제에서 총 생산량이 증가한 것

- 인플레이션
  재화나 서비스의 가격이 오르는 것

- 초인플레이션
  재화나 서비스의 가격이 심하게 올라서 경제가 컨트롤 할 수 없는 것

- 환율
  국내의 통화를 외국의 통화와 교환하는 교환비율

- 재정정책
  국가의 세금 지출을 통해서 인위적으로 경제의 호황과 불황을 컨트롤하려는 정책

- 통화정책
  중앙은행의 금리를 통해서 한 국가의 통화 공급량을 결정하는 정책

언제 살기
좋아져?

한때는 공룡들이 지구를 지배했다. 공룡이 사라지고 나서 포유류들이 본격적으로 지구를 지배하기 시작했다. 인간은 약 300만 년 전에 출현했고 뇌가 발달하면서 육체적으로는 다른 생물에 비해서 열위에 있으나 지능을 통해서 이들과 경쟁해 왔고 지금은 지구상에서 가장 상위의 포식자가 되었다.

인간은 지구를 사실상 지배하고 있고 지구를 넘어 우주까지 그 영역을 넓히고 있다. 이러한 것들이 가능한 이유는 우리 마음 깊은 곳에 있는 끝없는 욕심 때문이다. 사람이 서 있으면 앉고 싶고 앉고 싶으면 눕고 싶다고 했다. 이는 마음의 끝없는 욕심을 나타내는 말이다. 이렇게 발전된 문명 속에서 삶을 영위하는 것은 욕심과 이를 만족시키기 위해서 각자의 자리에서 자신을 위해 최선을 다한 우리들의 결과물이다.

인간의 욕심은 끝이 없는데 쓸 수 있는 지구의 자원은 유한하다. 무한한 욕심과 유한한 자원이 만나면 누가 이길까? 당연히 무한한 욕심이 압도적으로 유한한 자원을 이길 것이다. 이는 언젠가는 우리의 욕심으로 인해서 지구의 모든 자원을 다 사용해버린다는 것을 의미한다.

인간은 경제학적으로 언제 멸종할까?

인간은 지구에서 무한히 살 수 있을까?

중국을 최초로 통일 국가로 만든 진나라의 첫 황제인 시황제는 영원히 살고 싶어서 불로초를 찾으려고 했다. 불로초를 찾기 위해서 충분한 자금과 노동력을 보유했지만 시황제 역시 땅속에 묻히는 신세를 면하지 못했다. 이 세상에 시작이 있으면 끝이 있는 것처럼 우리는 언젠가 종말을 맞이할 것이다. 언제 이런 일이 발생할까?

역사가 기록된 이래 간척사업 같은 인위적인 인간의 활동이 있었지만 육지의 크기는 크게 증가하지 않았다. 기원전 10,000년경 농경생활이 시작되기 전에 전 세계 인구는 약 300만 명이었을 것으로 추정한다. 농경생활을 한 이후로 생산량이 급격히 증가하며 전 세계 인구는 약 1천 500만 명으로 증가했을 것으로 추정한다. 기원후 4세기 로마시대에는 전 세계 인구가 약 5천만이 될 것으로 추정되고 있으며 1800년 초반에는 10억 명이 넘었으며 2016년에는 약 74억 명의 사람이 지구에 살고 있다고 추정된다. 지난 12,000년 동안 인구 300만 명에서 74억 명으로 2천 467배 증가했다. 인구가 2천 467배 증가하는 동안 육지의 크기는 거의 변화가 없다고 봐도 무방할 것이다.

미래 인구는 이보다 더 많이 증가할 것이고 우리가 경작할 수 있는 육지의 크기는 인구증가보다 더 크게 늘지 않을 것이다. 결국 인류는 모두 굶어 죽을 것인가? 아니면 지금까지 잘해 온 것처럼 위기를 잘 헤쳐나갈 것인가? 이에 대한 대답은 없지만 나의 생각은 인류는 앞으로 지속적으로 번영할 것이라고 생각한다.

18세기 당시에도 유명했고 지금도 유명한 경제학자인 토마스 맬서스는 『인구론』이라는 책을 출간하였다. 그 책의 결론은 너무 간단했다. 사람의 숫자는 지수적으로 증가하지만 농업생산량은 비례적으로 증가해서 인젠가 인류는 굶어 죽을 것이라고 했다. 이를 방지하기 위해서 인구증가를 억제해야 한다고 주장하였다. 그로부터 200여 년이 흐른 지금 맬서스의 주장은 아직까지는 기우였다고 생각한다. 그러나 언젠가 인구가 너무 많이 증가하면 맬서스의 주장이 맞을 수도 있을 것이다.

그럼에도 불구하고 나는 맬서스의 주장은 계속 기우라고 생각이 든다. 맬서스의 이야기는 현대의 경제학의 한 분야인 경제성장론의 초기주장과 유사하다. 우리가 무언가를 만들기 위해서는 원재료를 투입해야 한다. 그 원재료는 자본과 노동이 있다. 자본은 기계 혹은 돈 같은 것이고 노동은 사람이 일하는 시간을 의미한다. 이 두 가지 조합을 통해서 우리는 우리가 필요한 것들을 만들어 낼 수 있다.

예를 들어 보면 논 1마지기가 있다. 1명이 1년 동안 이 논에서 농사를 지으면 쌀 1톤을 생산할 수 있다고 가정하자. 10명이 이 논에서 농사를 지으면 아마도 1명이 생산할 수 있는 양인 쌀 1톤보다는 많이 생산할 것이다. 왜냐하면 혼자 농사지을 때는 논에 난 잡초를 뽑기도 어렵고 추수 때가 되면 새들과 야생동물들이 벼를 먹을 것이고, 추수하는 과정에서 많은 벼이삭이 버려질 것이다. 그러나 일하는 사람이 늘어나면 이를 효과적으로 대응해서 전반적인 생산량이 늘어날 것이다. 그러면 100명이 그 논에서 일하면 어떤 결과가 생길까? 1명이 일할 때 1톤의 쌀을 생산하였고 10명이 일하면 5톤의 쌀을 생산했다고 하자. 1명에서 10배인 10명이 일하면 생산량이 5배 증가했으니 100명은 10명의 10배이니 다시 5톤의 다섯 배인 25톤이 생산될까? 그럼 1천 명이 그 논에서 일하면 25톤의 다섯 배인 125톤이 생산될까? 극단적으로 논 한 마지기에서 1억 명이 농사지으면 계속해서 쌀 생산량이 증가할까?

그렇지 않을 것이다. 더 많은 사람들이 일하면서 쌀의 생산량은 증가하지만 그 증가하는 속도는 둔화될 것이고 언젠가는 노동력을 더 투입해도 생산량이 더 이상 증가하지 않는 상황까지 올 것이다.

농부수에 따른 쌀 생산량							
	0명	1명	2명	3명	4명	5명	6명	무한대
생산량	0톤	1톤	1.8톤	2.3톤	2.6톤	2.8톤	2.9톤	3톤
증분		1톤	0.8톤	0.5톤	0.3톤	0.2톤	0.1톤	0톤

농부의 숫자가 증가할수록 쌀 생산량은 증가한다. 그러나 그 증가 속도는 아래의 그래프처럼 둔화된다. 우리가 소비할수록 소비에서 오는 추가적인 만족도가 감소하는 한계효용체감의 법칙처럼 논 1마 지기에서 농부의 수를 지속적으로 증가시켜도 추가적인 쌀 생산량 은 감소한다. 이것이 한계생산체감의 법칙이다.

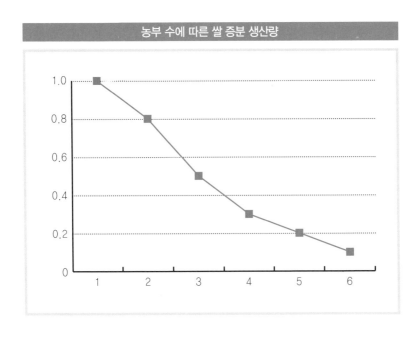

농부 수에 따른 쌀 증분 생산량

쌀 생산을 획기적으로 증가시킬 수 있는 방법은 논을 더 구입해서 경작면적을 늘리는 것이다. 그러나 불행하게도 지구에는 논의 면적 이 제한되어 있다. 그러므로 아무리 많은 노동력을 투입하고 극단적으로 지구에 있는 모든 육지를 경작한다 해도 인류의 수가 일정 수 이상이 되면 인류는 굶어 죽어야 할지도 모른다.

1972년 로마클럽은 지구 자원은 유한한데 인간이 이를 마구 개발하고 사용하기 때문에 곧 자원이 고갈되어 인류가 위기에 처할 것이라는 보고서를 발행하였다. 로마클럽 보고서 역시 앞의 농부의 쌀 생산량과 같은 맥락에서 미래를 전망하였다. 그러나 현재는 어떠한가? 여전히 74억 명의 인구가 지구에 있지만 농산물 생산은 지속적으로 증가하고 있으며 지하자원은 지속적으로 개발되고 있다.

우리가 필요한 물건을 만들기 위해서 투입해야 할 재료를 노동과 자본이라고만 했다. 그러나 인류가 다른 생물보다 육체적으로 열악함에도 생존할 수 있는 비결은 우리의 지능에 있었다. 우리의 지능, 곧 기술이 물건을 만들기 위해서 사용되면 어떠할까? 과거의 경제학자들은 한계생산체감의 법칙으로 인해서 아무리 우리가 노력을 많이 투입해도 언젠가 쓸 수 있는 자원은 감소한다고 하였다. 그러나 만약 한계생산체증이 된다면 어떤 일이 발생할까?

농부수에 따른 쌀 생산량

	0명	1명	2명	3명	4명	5명	6명	무한대
생산량	0톤	1톤	2.5톤	5톤	8톤	12톤	18톤	무한대
증분		1톤	1.5톤	2.5톤	3톤	4톤	6톤	무한대

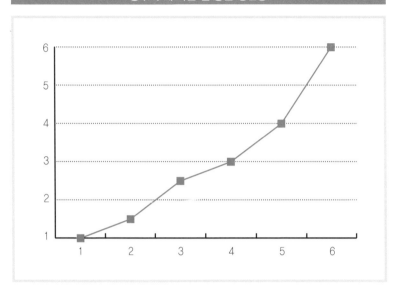

한계생산체증의 법칙은 투입하는 투입량보다 생산량이 더 증가하는 것을 의미한다. 만약 한 마지기의 논에서 농부의 숫자가 증가할수록 체증적으로 더 많은 생산량이 나오면 농부의 수가 무한대로 증가하면 쌀생산량도 무한대로 증가하게 된다.

과연 이런 일이 발생할까? 인류는 뛰어난 지능을 바탕으로 지속적으로 기술을 개발했고 그 기술로 인해서 지구에서 가장 상위의 포식자가 되었다. 같은 면적에서 생산한 쌀의 수확량을 1000년 전과 지금을 비교하면 지금 월등히 많은 쌀을 생산하고 있다. 생산성이 많이 증가한 것이다. 그러나 생산량이 많이 증가했으나 이는 한계생산체감이 되는 속도를 늦춘 것이다.

그러면 현실에서 한계생산체증이 되는 사례를 우리가 본 적이 있을까? 우리 인간의 가장 큰 장점이 지능이며 기술 개발이다. 기원전 10,000년 전부터 1900년까지 이룩한 기술 발전과 1900년부터 작년 2018년까지 118년간 이룬 기술 발전을 비교하면 어떤 것이 더 클까? 인류가 11,900년 동안 축적한 지식과 기술이 더 클까? 단지 118년 동안 축적한 지식과 기술이 더 클까? 당연히 후자가 더 크다. 왜냐하면 지식이라는 것은 한번 그 토대가 형성되면 체증적으로 증가한다. 그러므로 인류의 지식이 더 많이 쌓일수록 기술 진보의 속도는 더 빨라진다. 그러므로 앞으로는 지식축적과 기술 발전이 그 어느 때보다 빠르게 일어날 것이다.

　이러한 기술을 이용해서 우리는 한계생산체감이라는, 우리의 몸을 속죄는 옷을 벗고 한계생산체증의 시대로 나아갈 것이다. 이를 가능하게 하기 위해서는 지식의 축적이 선행되어야 한다. 우리 부모님들은 이미 본능적으로 알고 있었다. 교육이야말로 우리가 가질 수 있는 최선의 무기가 될 것이고 후손들이 번영하는 데 가장 중요한 수단이 될 것이라는 걸. 부모님이 당신들을 희생하면서까지 자식들을 가르친 것과 같이 우리도 후손을 위해서 지금의 어린 세대들의 교육과 학습을 게을리하지 않아야 한다.

잿더미에서
경제대국으로

1945년 히로시마와 나가사키에 원자폭탄이 떨어지면서 마지막까지 저항하던 일본이 항복했고 이로 인해 2차 세계대전이 끝났다. 2차 세계대전의 주요 전범국가인 일본과 독일은 패전하면서 완전히 거지가 되었다. 그런데 불과 몇십 년 만에 다시 세계를 호령하는 경제대국이 되었다.

2018년 IMF가 발표한 국가별 GDP 자료에 따르면 일본은 전 세계 GDP의 7%를 차지하면서 세계 3위의 경제대국이 되었고 그 뒤를 독일이 따르고 있다. 중국이 경제를 개방하기 전에 미국을 위협할 만한 국가는 일본과 독일이었다. 2차 세계대전에서 승리한 프랑스나 영국도 아니고 전쟁에서 패배하면서 잿더미만 남은 독일과 일본이 경제대국으로 다시 전 세계에 영향력을 행사한다니 참 미스터리하다.

어떻게 이 나라들은 잿더미를 딛고 일어나 경제대국이 되었을까? 많은 사람들이 독일은 라인강의 기적으로 공업국가가 되면서 제조업 중심으로 경제가 성장했다고 한다. 일본은 우리나라 6·25전쟁을 통해서 비약적인 성장을 했다고 한다. 이는 반만 맞는 말이다.

일본과 독일의 패망은 집안 경제와 비유하면 아버지 사업이 쫄딱 망해서 집안에 빨간 딱지가 덕지덕지 붙었다는 것을 의미한다. 이러한 상황에서 6·25전쟁 혹은 공업개발이 얼마나 큰 영향을 주었을까? 표면적으로는 그러한 것들이 지대한 영향을 준 것처럼 생각할 수 있으나 근본적인 원인은 일본과 독일의 기술력이다.

2018년 현재 우리나라는 항공모함이 없다. 아마도 항공모함을 건조할 수 있는 자금과 기술력이 있겠지만 이를 유지할 만한 자금이 없고 항공모함에 대한 필요성도 낮고 주변 국가의 견제로 인해서 항공모함을 건조하지 않을 수도 있을 것이다. 이웃 일본은 2차 세계대전 중에 16척이 넘는 항공모함을 건조했으며 이를 통해 진주만을 기습하여 미국보다 군사적으로 우위에 선 경험이 있다.

당시 우리나라는 소달구지를 끌고 쟁기질로 농사했지만 일본은 비행기, 항공모함, 전차, 탱크 등 각종 신무기를 생산할 수 있는 기술력을 갖고 있었다. 독일 역시 신경가스, 탱크, 잠수함, 비행기 등 각종 신무기를 생산할 수 있었다.

전쟁 무기가 인류를 파멸시키기도 하지만 인류는 전쟁 무기 개발을 통해서 많은 진보를 이루었다. 현재 논란이 되는 원자력 발전소 역시 1940년대 원자폭탄 제조기술을 바탕으로 이를 평화적으로 이용한 예라고 할 수 있다.

2차 세계대전 이후 독일과 일본의 눈부신 경제 발전은 단순히 우연이 아니며 외부의 도움으로만 설명할 수 없다. 이들은 이미 충분한 기술력을 보유하고 우수한 인재를 확보했기 때문에 돈이 모이는 어느 순간 다시 예전처럼 강대국이 될 수 있었다.

이순신 장군이 선조에게 신에게는 아직 12척의 배가 있다고 말한 것도 이순신 장군의 능력, 즉 지식과 기술이 충분했기에 배만 있다면 능히 승리할 수 있다고 한 것과 같은 이치이다.

유능한 사업가가 사업에 실패했지만 재기하는 경우를 우리는 많이 보았다. 그런 사람들은 이미 사업가로서의 출중한 능력을 보유한 것이다. 그러한 사람들은 그들이 재기할 수 있는 자본만 모이면 바로 그 자본을 투자해서 더 큰돈을 벌 수 있는 것이다.

일본과 독일은 세계적인 과학기술을 보유하고 있었고 자국 내에 돈이 모이기를 기다렸다. 일정 수준의 자본이 모이자 이들의 과학기술이 그 성과를 나타낸 것이다. 일본과 독일에서 보듯이 우리나라도 지금보다 더 큰 경제대국으로 가기 위해서는 과학기술에 많은 투자를 하고 유능한 인재들이 우리나라를 떠나지 않도록 해야 할 것이다.

일본의 경제 재건을 보면 일본이 대단한 나라라는 생각이 든다. 미국에서 MBA 교육과정을 들을 때 우리나라 옆에는 일본, 중국이라는 어마어마한 나라들이 있다는 것을 깨달았다. 나 역시 한국에서는 일본에 대한 반감이 있었고 중국을 업신여겼다. MBA 과정 중에 일본인 유학생과 중국인 유학생을 한국보다 한 수 아래로 보거나 업신여긴 학생은 우리나라 학생뿐이었다. 전 세계 2위의 경제대국 중국과 전 세계 3위의 경제대국이었으며 한때 미국을 넘을 수 있는 유일한 나라라고 불리던 일본을 무시하는 나라는 우리나라가 유일했다. 역사적인 이유로 일본과 중국에게 안 좋은 감정이 있지만 현실을 직시해야 할 필요도 있다. 아시안게임 한일전에서 우리가 일본을 이겼다고 이긴 게 아니다. 정말 일본을 이기고 싶으면 세계무대에서 일본보다 더 존경받고 강한 나라가 되어야 한다. 이러한 위치는 지금의 기성세대들이 후손들의 교육에 열과 성을 다할 때 가능할 것이다.

박정희가
그리운 이유

어릴 적 할아버지는 박정희 대통령 때 살기 좋았다고 했다. 박정희 대통령은 우리 역사에서 많은 논란을 가져온 인물이다. 그가 행한 독재정치는 비난해야 한다고 하지만 박정희 대통령으로 인해서 경제개발이 이루어져서 더 이상 굶지 않게 되었다며 그의 경제적 업적은 칭송해야 한다고 한다. 어떤 이는 박정희 대통령이 아니었더라도 그 시기에 누가 대통령이 되었든 경제가 발전했고 더 나아가 민주적인 정치제도가 자리잡았더라면 지금보다 더 경제가 발전했을 것이라고 하기도 한다.

다들 '만약에'라는 이야기를 하기 때문에 누구 말이 맞는지 잘 모르겠다. 한 가지 분명한 것은 박정희 시대를 그리워하는 어르신들이 많다는 것이다. 그들은 정말 독재자 박정희를 그리워하는 것일까? 그렇다면 지금 문재인 대통령이 박정희 대통령이 한 것처럼 장기 집권을 하면 박정희 대통령이 그립다고 하는 사람들의 향수를 채워 줄 수 있을까?

어르신들 중에 박정희 대통령 시대가 그립다고 하는 것은 당시의

독재정치가 아니라 경제였을 것이다. 1960년대부터 중화학 공업을 육성하면서 우리나라 경제는 공업화를 맞게 되었다. 선진국 경제가 1700년에서 1800년대까지 경험한 산업혁명을 우리는 1960년에 맞게 된 것이다. 그로 인해서 하루가 다르게 경제가 성장했다.

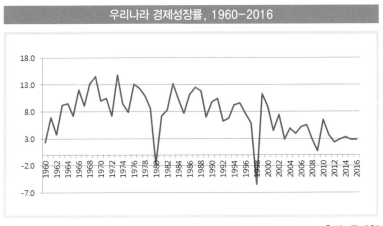

우리나라 경제성장률, 1960-2016

출처: 통계청

1970년대 경제성장률은 높게는 15% 낮아도 8%였다. 특히 박정희 정권이 집권한 1962년부터 경제는 기복이 있었으나 지속적으로 성장하였다. 이 시기에는 무엇을 해도 성공하는 시기였다. 공장은 일손이 모자라고 물건을 만들기만 하면 날개 돋친 듯이 팔리고 사람들은 인심이 후했다. 이 시기에는 한계생산체감의 효과가 가장 적게 발생했다. 즉, 논을 경작하는 데 농부가 1명에서 2명이 된 것이다. 그러니 그 얼마나 생산량 증가가 컸을까를 짐작할 수 있다. 소비로

치자면 너무 배고플 때 빵 한 개 먹은 것과 같은 이치이다. 그러므로 박정희 정부 시절에는 모든 것의 생산성이 좋았다.

그럼 언제부터 우리의 삶은 각박해졌나? 사람마다 다른 의견이 있으나 1998년 IMF를 지나면서 많은 자영업자가 몰락했고 많은 기업들이 파산하였다. 이를 계기로 평생직장이라는 개념이 없어졌다. 1998년 이후 반짝 경제가 성장했으나 그 이후에는 경제성장률이 꾸준히 하락했다. 지금은 3% 성장만 해도 고성장이라고 기뻐한다.

경제가 이렇게 낮게 성장하는 것은 선진국이라면 겪는 현상이다. 경제 성장 초기에는 투입대비 산출이 좋았으나 지금은 너무 많은 투입을 해서 무언가 혁신적인 것이 나오지 않는 이상 경제성장률은 낮게 된다. 이러한 상황에서는 사업을 해도 실패할 가능성이 높아지고 임금도 많이 오르지 않고 만성적인 높은 실업에 시달리게 된다.

우리나라는 이제 선진국 경제로 진입하고 있다. 동해에서 대규모 유전이 발견되거나 획기적인 기술개발이 일어나지 않는 이상 우리는 저성장을 하나의 숙명으로 받아들여야 할 것이다. 이 말은 여전히 어르신들 기억 속에 박정희 대통령 시대가 가장 살기 좋았다고 인식할 것이다. 엄밀히 따지면 그 시대보다 지금이 더 살기 좋은데도 말이다.

당시에는 없는 스마트폰을 전 국민이 사용하고 있고 집집마다 컬러 TV가 있고 지금은 가족들 개인의 방이 있고 많은 사람들이 노트북을 들고 다니며 자동차를 소유하고 있다. 근로시간도 주 52시간제가 시행되면서 지속적으로 줄어들고 있고 삶의 여유도 높아졌다.

그럼에도 불구하고 사람들이 박정희 대통령 시대를 그리워하는 것은 당시 높은 경제성장률과 낮은 빈부격차 때문이었을 것이다.

불행은 남과 비교하는 데에서 시작한다. 당시에는 누구나 가난했다. 나도 가난했고 너도 가난했고. 동네에서 자동차를 소유한 사람을 찾기가 어려웠다. 나도 굶고 너도 굶고. 그러나 경제가 발전하면서 사업가들이 생겨나고 경제성장의 열매를 이들이 상대적으로 많이 가져가다 보니 빈부의 격차가 당시보다 더 커진 것이다. 그래서 사람들은 30평대 아파트에 살지만 강남에서 살지 못하는 것에 대한 불행을 느끼게 된다.

통신과 방송이 발달하면서 이제 남들이 어떻게 사는지도 잘 알게되었다. 그래서 내가 갖지 못한 걸 갖고 있는 사람을 많이 보게 되었고 이제는 연예인들이 편하게 사는 프로그램을 보는 것도 불편해지기 시작했다. 연예인들이 자기 자식들을 키우는 TV 프로그램을 보면서 부모로서 아이들에게 미안해지기 시작했고 이는 나를 더 불행하게 만들었다.

개념 정리

- 한계생산체감의 법칙

  재화나 서비스를 생산할 때 투입하는 자원을 증가시킬수록 추가적으로 얻어지는 생산량이 적어지는 것

- 한계생산불변의 법칙

  재화나 서비스를 생산할 때 투입하는 자원을 증가시킬수록 추가적으로 얻어지는 생산량의 증가가 일정한 것

- 한계생산체증의 법칙

  재화나 서비스를 생살 때 투입하는 자원을 증가시킬수록 추가적으로 얻어지는 생산량이 더 많이 증가하는 것

- 토마스 맬서스

  18세기 영국의 경제학자이며 인구증가가 농업생산물의 증가보다 더 빨라져서 결국 인간의 삶의 수준은 더 낮아질 것이라고 주장한 사람

- 로마클럽

  1968년 이탈리아 사업가 아울렐리오 페체이가 지구 자원의 한계로 인해 발생할 수 있는 문제를 논의하기 위해 1970년에 스위스에 설립된 민간단체

PART

7

정부가 국민을
잘 살게
하는 방법

2016년 겨울로 기억한다. 귀국한 지 얼마 안돼서 취직하기 위해서 여기저기 면접을 보러 다닐 때였다. 어떤 게임회사 면접을 보고 집으로 귀가하는 오후, 내가 탄 지하철은 함성에 휩싸였다. 그 함성에 나 역시 보탬을 했다. 2016년 12월 9일 오후 4시 10분 국회의원 234명의 찬성으로 박근혜 대통령에 대한 국회의 탄핵소추가 가결되었다. 그 소식을 이어폰으로 듣는 순간 "야!!!"라는 함성이 나왔다. 그 이후 헌법재판소에서 박근혜 대통령에 대한 탄핵을 결정했고 2017년 5월, 새로운 대통령을 뽑는 선거를 했고 지금의 문재인 대통령이 당선되었다.

매번 정부가 출범하면서 어떤 정부도 국민을 가난하게 만들겠다던 정부는 없었다. 모든 정부가 국민을 잘 살게 하겠다고 약속했다. 문재인 정부 역시 국민을 더 부자로 만드는 경제 목표를 갖고 있다. 그러나 사람들은 문재인 대통령이 시행하는 많은 경제정책에 대해서 자신의 정치 입장에 따라 엇갈린 시선을 보낸다.

문재인 정부는 현재 소득주도 성장을 기본 개념으로 우리를 잘 살게 해 준다고 한다. 과연 그 말을 믿어야 하나? 최저임금이 올라서 자영업자들 다 죽는다는데 정말 잘하는 일일까? 부자들에게 더 많은 세금을 걷는다는데 부자들이 세금을 잘 내려나? 내가 낸 국민연금이 과연 나의 노후를 책임져 줄까? 현재 정부에서 여러 가지 정책을 펼치고 있지만 난 이러한 정책이 과연 누구를 위한 정책이고 효과가 있는지 궁금하다. 여기서는 이런 정책적인 이슈들을 다뤄 봐서 JTBC의 오대영 기자가 하듯 팩트체크를 해 보겠다.

소득주도 성장은 유효한가?

조선시대 왕 중에서 가장 인기가 많은 왕은 누구일까? 세종대왕과 정조가 1, 2위를 차지할 것이다. 세종대왕 하면 한글이 생각난다. 정조 하면 정약용이 생각나고 정조가 조금만 더 오래 살았다면 우리나라도 서구의 산업혁명이 일어나서 일제강점기는 없었을 것이고 지금보다 더 강한 국가가 되었을 거라고 믿는 사람이 많다.

조선시대의 왕 중에서 이 두 왕이 가장 먼저 생각이 나고 존경스럽게 생각하는 이유는 두 왕이 통치하던 시대의 업적도 있지만 기본적으로 두 왕이 통치하는 시대에는 서민들이 살기가 좋았다. 존경받는 왕 혹은 통치자가 되기 위해서는 국민들의 먹고사는 문제를 먼저 해결해야 한다. 먹고사는 문제만 해결해도 곧 그 통치자는 유능한 통치자가 될 수 있다. 먹고사는 문제를 해결하지 못한 통치자들은 아무리 훌륭한 업적을 만들어도 유능한 통치자가 되기 힘들다.

문재인 정부 역시 다른 역대 정부와 다르지 않다. 문재인 정부도 국민들의 먹고사는 문제를 해결해서 다음에도 같은 당에서 정권을 잡기를 희망한다. 문재인 정부 역시 경제를 좋게 만들어서 국민들이 이전보다 더 잘 살게 하려고 노력하고 있다. 그 방법을 문재인 정부에서는 소득주도 성장이라는 방법으로 정한 것이다.

경제가 성장한 것을 한 가정으로 비유해보면 아버지의 월급이 오른 것이다. 아버지의 월급이 300만 원에서 330만 원이 됐으면 이는 우리 가족의 경제가 10% 성장한 것이다. 추가적인 월급 30만 원으로 외식을 하거나 아이들에게 옷을 더 사 줄 수 있기 때문이다. 국가경제도 동일하지만 가정경제와는 약간 개념이 다르다. 모든 국민의 월급이 전부 10% 오르고 물가도 10% 올랐다면 이는 경제가 성장한 깃일까? 아니다. 경제는 제자리이고 단지 물가만 오른 것이다. 국가경제의 성장은 그 나라에서 만들어내는 제품과 서비스의 양이 작년보다 더 증가해야 성장했다고 한다.

경제성장의 이런 정의에 비추어 보아 소득주도 성장은 경제가 성장했다고 볼 수 있나? 기업들이 작년보다 더 많은 제품과 서비스를 생산해야 경제가 성장했다고 볼 수 있다. 그러나 소득주도 성장에서 기업은 빠져있고 국민만 있다. 즉, 물가야 어떻든 간에 모든 국민의 월급이 300만 원에서 330만 원으로 증가하면 경제가 10% 증가했다고 볼 수도 있는 게 소득주도 성장이다.

조금만 깊이 들여다보면 소득주도 성장은 허구 혹은 눈 가리고 아웅이라는 생각이 드는데 왜 문재인 정부는 이를 지속적으로 추진하려고 할까? 문재인 대통령 옆에서 경제자문하는 자문단들도 유명 대학의 경제학과 교수이고 평생을 경제 공부만 한 사람들인데 그 사람들이 이것을 몰라서 그랬을까? 아니다. 절대 그렇지 않다.

알기 쉬운 경제학

국가 경제가 성장하기 위해서는 국가전체적으로 재화와 서비스의 생산량이 늘어야 한다. 이 말에는 생산된 재화와 서비스가 소비된다는 것을 전제로 한다. 기업이 성장하기 위해서는 단지 물건을 많이 생산만 해서는 안 되고 생산한 물건을 팔아야 한다. 국가 경제도 성장하기 위해서는 단순 생산 증가만이 아니라 생산이 증가된 만큼 국민들이 더 많이 소비해야 한다.

문재인 정부는 현재의 우리나라 경제가 충분히 물건과 서비스를 생산할 수 있다고 보았다. 다만 국민들이 전체적으로 너무 가난해서, 즉 돈이 없어서 그 물건과 서비스를 소비할 수 없다고 본 것이다.

거시경제학을 보는 관점은 고전학파가 있고 케인즈 학파가 있다. 고전학파는 말 그대로 경제학 공부를 일찍 시작한 사람들이다. 경제학의 아버지인 애덤 스미스가 산업혁명 시기에 저술한 『국부론』이 경제학의 시초이다. 애덤 스미스는 『국부론』에서 '보이지 않는 손', 즉 가격이 경제의 모든 문제를 해결하기 때문에 정부는 시장에 개입하지 않아야 된다고 주장했고 많은 사람들이 그의 주장에 동조하였다. 산업혁명 시대에는 많은 유럽의 열강들은 식민지를 갖고 있었다. 전 세계에 식민지를 만들면서 유럽 나라들은 굉장히 부유해졌다. 영국의 경우 얼마나 자부심이 강했으면 자신들을 대영제국(Great British Kingdom)이라고 불렀겠는가? 땅이 얼마나 넓으면 영국이라는 나라는 24시간 해가 지지 않았을까?

그러한 나라에 사는 국민들은 돈이 얼마나 많았을까? 나라에 돈이 너무 많으니 일반 국민들도 다 같이 부자가 될 수 있었다. 그러한 시기에 경제 문제는 돈을 얼마나 더 버냐가 아니라 돈을 얼마나 더 쓸 수 있느냐이다. 사람들이 전부 부자인데 구입할 물건이 없는 것과 같다. 갑자기 우리나라 모든 국민에게 1인당 100억 원이 주어졌다고 해 보자. 현대백화점에 있는 해외 명품은 금방 동이 날 것이고 벤츠 같은 고급 수입차도 금방 동이 날 것이다. 문제는 돈이 아니라 돈이 많은 사람들에게 그들이 필요한 물건을 얼마나 빨리 공급할 수 있는 것이냐이다.

산업혁명 시기를 거치면서 유럽의 열강들은 모든 국민이 1인당 100억 원이 생기는 것 같은 현상을 경험했다. 공장은 24시간 내내 돌아가고 만들기만 하면 물건이 팔리는 상황이었다. 이러한 상황에서 경제는 스스로 매우 잘 돌아가기 때문에 국가가 경제에 개입할 필요가 없는 것이다. 이 시기에 경제를 공부한 사람을 고전학파라고 한다.

사람들은 경제가 이렇게 늘 좋을 줄 알았다. 그러나 말도 안 되게 경제가 어려워진 적이 있다. 1920년대 후반 미국뿐만 아니라 전 세계가 겪었던 대공황이다. 이 대공황의 이유는 여러 가지가 있을 수 있다. 1차 세계대전 동안 미국은 영국이나 프랑스 같은 유럽의 국가들에게 전쟁 물자를 공급했다. 미국에서 총 100개의 신발을 생산했다면 50개는 미국 사람이 사용하고 나머지 50개는 유럽 사람이 사용한 것과 같은 현상이 발생했다.

1차 세계대전에 이기기 위해서 영국과 프랑스는 필사적이었다. 자신들이 갖고 있는 모든 돈을 군수 물자를 구입하는 데 썼다. 전쟁은

이기면 다 가지고 지면 다 잃기 때문에 전쟁에 참전한 사람들은 오로지 전쟁을 승리로 이끄는 것만 생각했다. 미국은 유럽에서 난 전쟁으로 너무나 신났다. 공장은 24시간 돌아가고 사람들은 금방 부자가 되었다. 만들기만 하면 유럽에서 자신들의 물건을 전부 소비해 주었기 때문이다.

어느 날 그렇게 만들면 잘 팔리던 물건이 전쟁이 끝나면서 더 이상 안 팔리고 창고에 쌓이기 시작했다. 미국인들은 그래도 걱정이 없었다. 늘 그래 왔던 것처럼 곧 다시 팔릴 거라고 믿었다. 그러나 이는 착각이었다. 유럽에서 더 이상 전쟁이 없자 재고가 엄청나게 빠른 속도로 늘었다. 재고가 많이 늘고 물건이 안 팔리자 미국에서는 공장 가동이 중지되고 엄청난 수의 실업자들이 생겼다. 대공황 시기 미국의 실업률은 30%까지 치솟았다.

사람들은 그때까지도 애덤 스미스를 철석같이 믿고 있었다. 애덤 스미스가 말한 '보이지 않는 손'이 모든 걸 해결해 줄 거라고 믿었다. 그러나 '보이지 않는 손'은 보일 기미가 없고 진짜 안 보이게 되었다. 사람들은 다급해졌다. 이런 적이 한 번도 없었는데, 어떻게 해야 하지? 이때 영국에서 신동이라는 소리를 듣던 경제학자 존 메이너드 케인즈가 새로운 해결책을 제시했다.

케인즈는 미국의 대공황은 물건이 없어서 혹은 생산을 하지 못해서 생긴 불황이 아니고 사람들이 돈이 없기 때문에 생긴 불황이라고 진단했다. 이를 해결하기 위해서는 억지로 일자리를 만들고 사람들에게 돈을 줘야 한다고 주장했다. 그러나 사람들에게 일부러 돈을 주면 시중에 돈이 흔해져서 물가가 올라서 아무런 소용이 없다고 반박하는 사람도 있었다. 그런 반박에도 불구하고 케인즈는 지금은 너무 돈이 없어서 단순히 몇십만 원 정도 돈을 더 주는 것으로는 물가가 오르지 않을 것이라고 했다. 케인즈의 말은 정확했다. 미국은 우리나라 4대강 사업의 원조격인 뉴딜 정책을 펼치면서 없는 일자리를 만들어내며 국민들에게 돈을 쥐여주었고 국민들은 다시 그 돈을 갖고 기업의 물건을 사면서 공장이 정상화되고 대공황을 극복했다.

문재인 정부는 우리나라 경제가 지금 미국의 대공황처럼 위험하다고 본 것이다. 우리나라 기업들은 충분히 많은 물건과 서비스를 국민에게 공급할 수 있지만 국민들이 너무 가난해서 이러한 물건과 서비스를 충분히 많이 살 수 없다고 본 것이다. 국민소득이 곧 3만 불이나 하는 선진국에 진입하는 데 이는 도대체 무슨 말인가?

문재인 정부는 우리나라 1인당 국민소득이 3만 불의 선진국 경제에 진입해도 빈부격차가 너무 커서 여전히 가난한 사람은 너무 가난해서 충분한 물건을 구입하지 못한다고 생각했고 이러한 사람이 국민 중에 매우 많은 비율로 존재한다고 생각했다. 부자들이 돈을 써봐야 사치품을 쓰고 생필품 혹은 경제를 돌아가게 하는 제품이나 서비스는 일반 서민들이 더 많이 사용한다고 생각한 것이다. 그래서 서민들에게 돈을 더 쥐여주면, 즉 억지로 소득을 만들어 주면 소득이 증가된 서민들이 돈을 더 써서 멈춘 경제 성장엔진이 다시 돌아갈 것으로 본 것이다.

그러면 이러한 정책을 지속적으로 할 수 있는가? 미국이 경제 대

공황을 극복한 것처럼 경제성장 엔진이 제대로 돌아간다면 소득주
도 성장을 폐기해야 할 것이다. 그럼 언제 이 정책을 폐기할까? 빈
부격차가 줄어들어서 서민들이 중산층으로 많이 편입될 때 이 정책
을 폐기할 것이다.

최저임금과
실업

2017년 박근혜 정부에서 문재인 정부로 정권이 바뀌면서 소득주도 성장이 경제성장 방법이 화두가 되었다. 문재인 정부는 소득주도 성장을 실행하는 하나의 방법으로 최저임금을 인상하였다. 최저 임금은 법적으로 강제하는 임금수준을 의미한다. 보통 임금을 시간당 급여로 계산하기 때문에 한 시간 노동했을 경우 받는 임금을 의미한다. 시간당 임금이 법으로 정해졌기 때문에 그 정해진 수준보다 낮게 지급하면 이는 법을 위반한 것이 된다.

최저임금은 돈 있는 자본가들이 힘없는 노동자를 착취하는 것을 방지하고자 1894년 뉴질랜드에서 세계 최초로 도입되었다. 이후 많은 서구 국가들이 서민을 보호하고 노동자를 보호하기 위해서 앞다투어 도입하였다. 최저임금의 취지는 노동자들의 최저임금을 보호하여 이들이 최소한 인간다운 생활을 영위할 수 있도록 하자는 데 있다. 매우 인도적인 제도임에는 분명하다.

우리나라는 1988년 최저임금 제도를 시행했으며 당시 최저임금은 시간당 462.5원이었다. 그 이후 지속적으로 최저임금이 인상되어

알기 쉬운 경제학

2018년에는 7,530원까지 인상되었다. 2019년에는 8,350원으로 2018년 대비 10.9% 인상될 계획이다. 현 정부는 2020년까지 최저임금을 1만 원으로 인상한다는 계획을 갖고 있지만 야당 및 소상공인들의 반대가 많아서 달성하기가 쉬워 보이지는 않는다.

최저임금 인상을 반대하는 입장에서는 최저임금 인상으로 실업률이 증가한다고 주장한다. 그래서 결과적으로 서민들의 생활이 어려워질 것이라고 말한다. 보통 최저임금을 받고 일하는 사람들은 주로 사회적으로 소외된 계층 혹은 사회적 약자들인 경우가 많다. 그리고 이들이 일하는 직장 역시 대기업처럼 튼튼한 직장이기보다는 자영업, 영세한 중소기업인 경우가 많다. 그러므로 최저임금 인상을 반대하는 사람들의 주장은 최저임금을 올리면 최저임금의 취지와 반대로 경제적으로 고통받는 약자들이 실직하여 최저임금조차도 받지 못하는 결과가 초래될 수 있어 결과적으로 경제적 약자들의 고통이 가중될 것이라고 주장한다. 동시에 이들은 노동자를 고용하는 자영업자, 중소기업들도 경영이 어려워서 이들의 폐업이 증가하여 사회 전체적인 실업이 증가하여 경제가 더 침체될 것이라고 주장한다.

반대로 최저임금 인상을 찬성하는 사람의 입장은 최저임금이 인상되어서 실업률이 오르더라도 실직하지 않은 사람들의 임금이 오르기 때문에 노동자들이 전체적으로 받는 월급이 증가하여 이들이 더 많이 소비할 수 있어서 경제 전체적으로 이득이라고 주장한다. 게다가 최저임금 인상은 실질적으로 임금이 인상되는 효과가 발생하여 구직을 단념한 사람 혹은 실업자들이 높아진 임금을 기대하고 이전보다 더 적극적으로 구직활동을 할 수 있기 때문에 실업자를 줄이는 데 효과적이라고 이야기한다. 최저임금으로 인해서 고통받는 자영업자나 영세한 중소기업들의 피해는 최저임금에 따른 효과보다는 다른 요인이 있다고 주장한다. 예를 들어, 자영업자의 문제는 최저임금 때문에 추가로 지출되는 인건비가 아니라 높은 임대료가 문제이기 때문에 최저임금 인상은 이런 자영업자들이 임금수준을 낮춰서 생존하는 방향이 아닌 건물주와 임대료 협상 등을 통해서 활로를 모색해야 한다고 주장한다. 결과적으로 최저임금으로 인해서 실업률이 증가하겠으나 그 증가하는 폭보다는 최지임금으로 인해서 소득이 증가하는 폭이 더 커서 경제 전체적으로 유리하다고 주장한다.

 양쪽의 의견이 모두 일리가 있다. 나의 의견은 최저임금을 인상하는 데 찬성하나 두 가지 면에서 보완이 필요하다고 생각한다. 경제에서 가장 중요한 것 중의 하나가 꾸준함이다. 단기간에 가격이 폭등하거나 폭락하는 것은 경제에 충격을 준다. 최저임금을 단기간에 대폭 상승하는 것 역시 아무리 좋은 취지로 이를 실행해도 경제에는 예상치 못한 충격을 줄 수 있고 그 충격으로 사람들이 혼란스러울 수 있다. 이러한 혼란을 피하기 위해서는 최저임금 인상속도를 너무 급하게 인상하지 않고 완만하게 인상할 필요가 있다고 생각한다.

알기 쉬운 경제학

2015년 미국 최저임금

한국 최저임금 6030원(예정)

시애틀 15(약 1만7400원)

오클랜드 12.25

샌프란시스코 15

로스앤젤레스 15

샌디에이고 11.50

앨버커키 뉴멕시코주 8.75

캔자스시티 미주리주 13

샌타페이 뉴멕시코주 10.84

시카고 13

러셀빌 켄터키주 9

포틀랜드 메인주 10.68

뉴욕 15

워싱턴 디시 15

● 시 최저임금 인상안 의회 통과
● 인상안 의회 계류중

출처: 2015년 7월 23일, 한겨레 인터넷 기사, http://www.hani.co.kr

다음으로는 최저임금의 취지가 노동자의 기본생활권을 보호하는 데 있다. 우리나라가 아무리 작은 나라지만 서울과 수도권에서 거주했을 경우 필요한 기본소득이 있고 지방에서 거주했을 경우 필요한 소득이 있다. 두 지역은 임대료, 물가 등이 다르기 때문에 필요로 하는 소득도 다를 것이다. 보통 도시지역이 시골지역보다 생활비가 더 비싸다. 그러므로 미국의 경우처럼 최저임금을 생활비를 고려해서 지역별로 차등하게 인상하는 것도 하나의 방법이다. 최저임금 인상을 하되 세부적인 실행에서 현실적인 부분들을 반영하여 실행하면 지금보다 부작용을 줄일 수 있을 것이다.

부자증세 vs 서민증세

뉴스를 보면 부자가 더 세금을 많이 내야 하는지, 부자가 세금을 덜 내야 하는지 논란이 많다. 세금에 대한 주제는 텔레비전 토론 프로그램의 단골 메뉴이기도 하다. 왜냐하면 누가 더 세금을 많이 내야 하는지에 대한 정답이 없기 때문에 늘 토론을 한다. 이 같은 토론은 작년에도 했고, 10년 전에도 했고, 내년에도 할 것이고, 10년 후에도 할 것이다. 이 답 없는 주제에 대해서 어떤 것이 올바른지 생각해 보자.

세금을 내는 목적은 조세정의를 확립하기 위해서다. 조세정의는 세금을 징수하는 목적에 맞게 세금을 징수하고 사용해야 조세정의가 달성된다. 세금을 징수하는 목적은 1차적으로 국가를 운영하기 위해서이다. 국회의원을 선출하고 행정부를 운영하고 사법부를 운영하기 위해서는 그곳에서 일하는 사람들에게 월급을 줘야 한다. 그 월급에 대한 재원이 세금이다.

기왕 세금을 걷는다면 사회정의를 달성해야 한다. 계속하는 이야기이지만 자본주의의 병폐는 빈부격차이다. 통상적으로 부자들에게 더 많은 세금을 걷고 부자들에게 걷은 세금을 가난한 사람들을 위해서

알기 쉬운 경제학

사용한다면 빈부격차가 줄어들 것이다. 빈부격차가 줄어들면 사람들의 생활 수준이 비슷비슷해져서 상대적 박탈감도 덜 할 것이다.

영화 〈광해〉를 보면 광해군을 연기한 이병헌이 관객의 심금을 울리는 이야기를 한다. 대동법을 시행하면서 그 취지가 논 열 마지기를 갖고 있는 사람들에게 쌀 열 섬을 걷고 논 한 마지기를 갖고 있는 사람에게 쌀 한 섬을 걷는 게 정의롭다고 한다. 그러나 대동법을 반대하는 신하는 모두가 똑같은 백성이기 때문에 세금을 백성들 간에 차별을 둘 수 없다고 반대한다. 이 장면을 본 대다수의 사람들은 그러한 말을 한 신하의 입을 틀어막고 주리를 틀고 싶은 마음을 영화는 영화로만 보자며 꾸욱 참았을 것이다. 나 역시 대다수의 관객과 같은 생각을 갖고 있었다.

그러나 이를 곱씹어 보면 과연 광해의 말이 더 맞고 신하의 말이 틀린가? 부자들이 세금을 늘 더 내야 하나? 우리는 무의식적으로 부자들이 부자니까 세금을 더 내라고 한다. 그러면서 이건희 손자가 무상급식을 받는 것은 반대한다. 이건희 회장이 본인의 급여, 재산에 대한 세금, 배당에 대한 세금 등을 합하면 1년에 수십억 이상을 세금으로 낼 것이다. 1년에 1억 벌기도 어려운데 수십억 원 이상을 세금으로 냈다면 국가 재정에 큰 기여를 한 사람이다. 그런 부자들이 낸 세금으로 국가가 운영되고 복지정책을 펼 수 있는데 왜 이건희 회장의 손자는 단지 부자라고 자신의 할아버지가 낸 세금의 혜택을 받으면 안 되는가? 이는 집단의 폭력이라고 부를 수도 있지 않을까 생각이 든다.

우리 옆집에 연봉 365억 원을 받는 사장님이 살고 있다. 이 사람은 1년 365일 쉬는 날 없이 매일 일을 한다. 이 사람의 하루 일당은 1억 원인 셈이다. 아래층에는 연 3천 650만 원어치를 파는 가게 주인이 살고 있다. 이 사람은 치킨집을 운영하면서 1년 내내 쉬는 날 없이 장사한다. 이 사람의 하루 일당은 10만 원이다.

지금부터 질문을 해보겠다. 총 3천만 원의 세금을 걷어야 하는데 두 사람 중에 한 명한테만 세금을 징수해야 한다면 누구에게 세금을 징수해야 하는가? 단, 세금 징수의 목적은 정부를 운영하기 위함이며 이 정부는 경제 전체의 파이를 크게 하는 데 그 목적이 있다. 정부의 두 가지 목적을 달성하기 위해서 세금을 한 명에게만 징수해야 한다면 하루 일당 1억 원씩 받는 사장에게 징수해야 하는가? 혹은 하루 일당 10만 원을 받는 치킨집 주인에게 3천만 원 전부를 징수해야 하는가?

결론부터 이야기하자면 위의 목적에 맞게 세금을 징수하기 위해서는 치킨집 주인에게 세금 3천만 원을 징수해야 한다. 부자에게 감세를 해 주고 가난한 사람에게 증세를 해야 한다. 우리가 알던 사회 정의와는 정반대의 정책을 실현해야 한다.

부자들은 대부분 더 많은 돈을 벌기 위해서 더 열심히 일한다. 자신이 더 일하면서 추가로 얻게 될 소득이 동기부여가 되어서 부자들을 열심히 일하게 만드는 것이다. 일당 1억을 받는 기업체의 사장에게 극단적으로 50%의 세금을 부과하면 어떤 일이 발생할까? 365억 원을 벌지만 이 중 182.5억 원을 세금으로 납부한다면 세금을 내는 입장에서 어떤 마음이 들까? 정말 억울할 것이다. 내가 열심히 노력해서 번 돈의 절반을 세금으로 냈기 때문이다. 즉, 이 사람은 추가적으로 일하는 동기부여가 낮아질 것이다. 그래서 이제 365일 일을 안하고 300일만 일할 수도 있다. 그 경우 경제 전체적으로는 65억 원의 손실이 발생한다.

반대로 똑같은 50%의 세율을 치킨가게 주인에게 부과했다고 가정하자. 하루 일당 10만 원 중에 5만 원을 세금으로 낸다면 치킨가게 주인도 일하고 싶은 의욕이 떨어질 것이다. 하루 종일 치킨을 튀겨 봤자 나에게 떨어지는 돈 중 절반을 정부에서 가져가니 일할 맛이 안 날 것이다. 그래서 치킨집 주인도 1년에 65일을 쉬기로 결정했다. 그 결과 경제 전체적으로 650만 원의 손실이 발생한다.

동일하게 65일을 쉴 경우 일당 1억 원의 사장이 쉬는 경우에는 65억 원의 손실이 발생하고 치킨집 주인이 65일을 쉴 경우는 650만 원의 손실만 발생한다. 경제 전체적으로 손실을 최소화하기 위해서는 누구에게 세금을 부과해야 하겠는가? 당연히 치킨집 주인에게만 세금을 부과해야 한다. 치킨집 주인에게만 세금을 부과하면 경제 전체적으로 650만 원의 손실만 부담하면 된다.

그러므로 경제 전체적인 파이를 크게 하기 위해서는 가난한 사람들에게 세금을 부과해야 한다. 여기서 증가된 파이를 누가 가져가는 것에는 전혀 관심이 없다. 단지 파이를 크게 만들고자 하는 경우에 해당한다.

이제 관점을 바꿔서 같은 금액의 세금이 필요한데, 이번에 세금의 목적은 정부운영과 빈부의 격차를 줄여서 조세정의를 실현하는 것이라고 하자. 이 경우 세금은 일당 1억 원을 버는 사장에게만 징수해야 한다. 그럴 경우 이 사장은 65일을 쉬기 때문에 경제 전체적으로 65억 원의 손실이 발생하지만 정부 운영에 필요한 50억 원을 제외하고 15억 원을 치킨집 주인에게 준다면 두 사람의 소득 격차가 이전보다 더 줄어들 것이다.

위의 두 사례에서 보듯이 누구에게 더 많은 세금을 징수해야 하는 것은 정답이 없다. 단지 징책적 목표를 달성하기 위해 정책적 의사결정이 필요한 것이다. 보수정권이 집권할 경우는 분배보다는 성장에 경제 정책의 초점이 있다. 그러므로 부자감세를 외치게 된다. 부자들에게 세금을 덜 걷고 부족한 세금은 가난한 사람에게 더 걷자는 주장을 하게 된다. 반대로 진보정권이 집권할 경우는 성장보다는 분배에 경제 정책의 초점이 있다. 그러므로 부자증세를 하고 증가된 세금으로 가난한 사람을 도와서 빈부격차를 줄여서 소득분배 정의를 달성하고자 한다.

부자에게 증세를 하는 것과 가난한 사람에게 증세를 하는 것 어느 것이 올바를까? 정답은 없다. 이는 그 사회를 이끄는 구성원의 합의 혹은 구성원들이 바람직하다고 믿는 방향으로 정책을 결정하면 된다. 다만, 우리 사회가 1970년대, 1980년대 성장위주의 정책을 폈다면 이제 국민소득이 $30,000이 되는 시점에서는 성장보다 분배에 초점을 더 맞추면 어떨까 생각해 본다.

그런데 미국에 있는 워런 버핏이나 빌 게이츠 같은 부자들은 왜 부자들에게 더 많은 세금을 걷어야 한다고 주장할까? 사실 그들의 행동이 사회적으로 정의롭게 보일 것이다. 이를 경제적으로 접근하면 부자들에게 세금을 더 걷는 것이 부자들에게 더 유리하다고 판단해서이다.

만약 빈부의 격차가 극단적으로 심해졌다고 가정하자. 길거리에는 굶어 죽는 사람이 여기저기 있고 아이들은 병원비 3천 원이 없어서 병원 진료를 받지 못하고 죽는다고 생각해 보자. 사람들은 어떻게 변하겠는가? 당장 부자들의 돈을 모조리 뺏어서 가난한 사람들에게 나눠주고 싶을 것이다. 이 사회 소수의 몇몇이 부를 갖고 있기 때문에 대다수의 사람들이 가난하게 산다고 믿을 것이다. 그 결과 사회적으로 폭동이 발생하고 혁명이 발생해서 새로운 정권이 들어설 수도 있다. 그 정권은 대다수의 굶주린 서민의 지지를 받으면서 부자들의 돈을 다 빼앗아서 가난한 사람들에게 나눠줄 것이다. 장기적으로 빈부의 격차가 지속되고 그 정도가 심하면 사람들 간의 위화감이 커져서 언젠가 그 위화감이 임계점을 넘어 사회불안으로 번질 수도 있을 것이다. 그러한 상황이 되기 전에 빈부격차를 줄여서 자신들의 재산을 지키고 싶은 게 부자들의 심리이기도 하다. 실제 워런 버핏이나 빌 게이츠가 이러한 심리로 부자들이 더 세금을 내야 한다고 주장하는지 다른 이유 때문인지는 모르나 경제 이론 측면에서 보았을 경우 부자들이 세금을 더 내는 것이 자신들에게 더 유리하기 때문이라고 추정할 수 있다.

국민연금은
그림의 떡인가?

우리나라의 직장인이라면 누구나 의무적으로 국민연금에 가입해야 한다. 국민연금은 국민들의 노후를 보장하기 위해서 소득의 일정 부분을 연금의 형태로 불입하면 노후에 그 불입된 소득을 바탕으로 연금을 지급하는 일종의 사회보장제도 중의 하나이다.

그런데 이렇게 좋은 취지로 만든 국민연금에 대해서 많은 국민들은 불신하고 국민연금 강제 가입에 반대하고 국민연금을 탈퇴할 수 있으면 탈퇴하고 싶어 한다.

우리나라 국민연금은 1988년 10인 이상의 사업체에만 실시하였고 1995년 농어촌 지역까지 확대하였고 1999년에는 도시지역까지 확대하여 전 국민이 국민연금에 가입하도록 하였다. 그 이후 기금은 지속적으로 증가하여 현재는 일본, 노르웨이에 이어 세계에서 세 번째로 규모가 큰 기금으로 성장하였다. 2018년 9월 기준 국민연금의 규모는 635조 원에 달한다.

그러나 국민연금의 구조는 불입된 돈보다 더 많은 혜택을 보장하였고 노년 인구의 증가, 수명의 증가, 노동을 할 수 있는 젊은 세대의 감소로 연금이 고갈될 위기에 있다. 현재의 수준으로 연금을 불입하고 인구구조에 맞춰서 연금을 지급하면 2055년경에 국민연금이 고갈될 것으로 국민연금관리공단은 예상하고 있다.

국민들이 국민연금에 대해서 갖는 가장 큰 불만은 연금이 고갈되어서 그 연금을 받을 수 없을지도 모른다는 점이다. 이를 해결하기 위해서 국민연금공단은 더 많은 국민연금을 납부하기를 원하고 수령은 더 늦게 수령하기를 원한다. 그러나 국민 입장에서는 추가로 더 내는 것은 할 수 없고 수령시기도 이미 충분히 늦었기 때문에 더 늦출 수 없다고 생각한다(1969년생부터는 만 65세부터 국민연금 수령을 시작한다).

이러한 양쪽의 문제를 해결하기 위해서는 연금의 운용수익률을 높여야 한다. 2006년부터 2018년 국민연금의 운용수익률을 보면 2010년 10.39%로 최고의 수익률을 기록하였고 2008년 −0.18%로 최저의 수익률을 기록하였다. 2006년부터 2018년까지 국민연금 연평균 운용수익률은 약 5.48%이다. 상대적으로 국민연금의 운용수익률이 낮기 때문에 기금의 고갈시기가 앞당겨질 수 있다. 2015년 10월 6일 중앙일보 보도에 따르면 세계 6대 기금의 2010년부터 2014년까지 연평균 운용수익률은 8%−12%이나 같은 기간 국민연금의 운용수익률은 5.8%로 보도하였다.

상대적으로 국민연금의 운용수익률이 낮은 이유는 가장 먼저 목표 운용수익률을 6% 이내로 낮게 설정하였기 때문이다. 연평균 6% 이내로 운용수익률이 발생할 수 있도록 연금을 운용하기 때문에 국민연금의 연평균 운용수익률이 낮은 것이다.

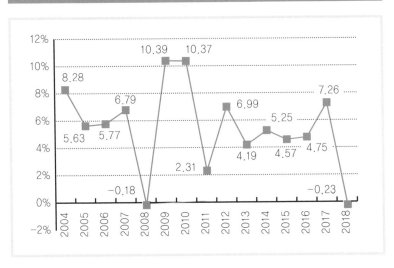

출처: 국민연금공단

　국민연금은 원금 보전이 매우 중요한 성격을 갖고 있다. 그러므로 안정적으로 기금을 운영하기 위해서 기금 운용수익률을 낮게 잡은 것이다. 그러나 세계의 다른 연금들도 원금 보전이 중요하다. 그러면 국민연금은 왜 상대적으로 낮은 연금 운용수익률을 목표로 설정했을까?

　여러 가지 이유를 갖고 추정할 수 있으나 기금을 운영하는 유능한 인력 확보에 문제가 있을 수 있다. 국민연금공단에서 가장 중요한 기금운용본부는 2015년 6월 서울에서 전주로 본사를 이전하였다. 그 결과 많은 실력 있는 펀드매니저들이 국민연금 기금운용본부에서 근무하는 것을 꺼리는 현상도 발생했다.

　더구나 규모면에서 세계 3위의 기금이면 목표 수익률을 달성했을 경우 직원들에게 그에 대한 성과급도 충분히 지급해야 하나 국민연금공단에서 지급하는 성과급은 이들이 사기업에서 일할 때 받는 성과급보다 충분히 크다고 볼 수 없다. 그러므로 기금을 운영하는 운영자 입장에서는 더 많은 수익을 창출할 동기부여가 작다.

2018년 7월 8일 서울경제신문에 따르면 국민연금 기금운용본부장의 경우 연봉이 2억 원 수준으로 시중의 유사한 투자자문사에 취직하면 이보다 3배 이상은 더 받을 수 있다고 한다. 게다가 기금운용본부장을 사임하고 나서 3년간 취업에도 제한이 있다. 그러므로 국민연금기금 운용본부에서 일하려는 유능한 직원을 구하기 힘들 가능성이 크다. 650조 원 이상의 기금을 운영한다면 시장에서 영향력 있는 기금이기 때문에 적극적으로 유능한 인재를 지금보다 더 많은 급여와 혜택을 제공하면서 스카우트해야 한다. 극단적으로 워런 버핏 같은 투자의 대가들을 국민연금으로 스카우트한다면 지금보다 높은 운용 목표 수익률을 갖고 더 많은 수익을 창출할 수 있을 것이다.

그리고 국민연금은 공적자금이지만 여전히 정부의 입김에서 자유롭지 못하다. 2008년 금융위기에는 국내 증권시장 방어를 위해 연기금이 동원되었다는 이야기가 있었고, 제일모직과 삼성물산의 합병 때는 이 합병으로 인해서 연기금의 손해가 예상됐음에도 불구하고 합병에 반대하지 않았다고 한다. 이러한 외부 영향으로 국민연금이 그 자체로 국민의 노후 보장을 위해 사용되지 않고 정치인들의 선심성 돈으로 사용될 가능성이 있다. 그러므로 이를 배제하는 기금 운영 구조를 만들어서 기금운영의 투명성과 독립성을 확보해야 한다.

 **개념 정리**

- 고전학파

  애덤 스미스 시대에 나타난 경제학의 한 학파로 수요보다는 공급을 중요하게 생각하며 재정정책보다는 통화정책을 효과적인 정책으로 생각함

- 케인즈 학파

  영국의 경제학자 케인즈의 의견에 동조하는 경제학의 한 학파로 공급보다는 수요를 중요하게 생각하며 통화정책보다 재정정책을 효과적인 정책으로 생각함

알기 쉬운 경제학

트럼프의
불편한 진실

2016년은 선거의 해였다. 미국에 있을 때는 힐러리와 트럼프의 정치 유세를 보았고 귀국해서는 박근혜 전 대통령의 탄핵을 보았다. 한쪽에서는 대통령을 뽑고 한쪽에서는 대통령을 해고하고 있었다.

 2016년 가을, 미국 대선이 한창 진행 중이고 각 후보들이 자신을 지지해 달라고 할 때 우리 동네에서 힐러리와 트럼프의 2차 토론회가 열렸다. 정말 역사적인 순간이라고 생각해서 온 가족이 토론회가 열리는 학교로 갔다. 그곳에서 CNN, ABC, FOX TV 등 미국에서 이름 있는 방송국들의 중계차는 전부 보았다. 운 좋게 CNN 화면에 나와 아들 녀석의 얼굴이 나오기도 했다.

 당시 미국인 친구가 나에게 둘 중 누구를 지지하고 왜 지지하는지 물어보았다. 나는 개인적으로는 힐러리가 당선되었으면 좋겠다고 했다. 왜냐하면 트럼프의 행동은 예측 가능성이 너무 낮기 때문에 트럼프 같은 사람이 미국 대통령이 된다면 전 세계는 앞으로 4년 동안 너무 시끄러워질 것이라고 생각했기 때문이다. 그러나 한국을 위해서라면 트럼프가 대통령이 되어야 한다고 했다. 정치를 잘 못하고 외교도 잘 못할 것 같아서 트럼프가 외친 위대한 미국과는 역행하는 결과를 낳을 것이기 때문이라고 했다. 미국의 힘이 약해져야 한국의 힘이 상대적으로 강해지기 때문에 한국인으로서 나는 트럼프가 당선되길 희망한다고 했다.

지금 이 시점 트럼프는 4년의 임기 중에 거의 2년에 해당하는 임기를 채우고 있다. 미국 뉴스에 별로 관심이 없어서 트럼프 대통령의 행동을 일거수일투족 찾아보지는 않으나, 트럼프 대통령은 예상대로 경제학적 지식이 없는 사람들이 보기에는 미국을 위해서 일을 한다고 보여진다. 그러나 처음 내가 예상한 것보다 더 국정운영을 잘하고 있어서 나의 바람대로 트럼프가 위대한 미국에 역행하지는 않는 것 같다.

트럼프가 대선 슬로건으로 위대한 미국을 다시 만들겠다고 했다. 그는 어떻게 위대한 미국을 만들려고 했는지 경제이론으로 살펴보자.

미국을 다시 위대하게
(Make America Great Again)

2016년 미국 대선에서 많은 사람들의 예상을 깨고 트럼프가 힐러리를 이기며 미국 제45대 대통령으로 취임하였다. 나 역시 이를 보며 깜짝 놀랐다. 교양 있는 많은 미국인들은 선거기간 중에 보여 준 트럼프의 막말과 예의 없음에 많은 반감을 갖고 있었다. 심지어 같은 공화당의 정치인들조차도 트럼프가 대선주자가 된 것을 못마땅해하고 있었다. 그런 트럼프가 많은 이들의 견제와 반대에도 불구하고 미국 대통령이 됐다.

그가 대통령에 당선될 수 있는 요인은 대중들이 그를 선택했기 때문이고 대중들은 그가 믿음직해서 혹은 힐러리보다 더 정치를 잘하고 자신들의 삶을 윤택하게 만들 것 같아서 트럼프의 손을 들어준 것이다. 트럼프는 미국인들이 갖고 있는 피해의식에 대해서 정확히 이해하고 있었다.

그간 미국은 자신들의 강력함을 이용하여 전 세계의 경찰 노릇을 해 왔다. 중국과 대만과의 문제에 끼어들고 러시아가 하려는 정치적 행동들에 제동을 가하고 중국이 세계로 더 팽창하지 못하도록 다방

면에서 중국을 압박해 왔다.

　어떤 이슈들은 인도적인 차원에서 개입한 것도 있겠지만 대부분의 국제정치, 군사, 경제에 개입한 것은 자국에게 득이 되기 때문이다. 그러나 미국에 있는 일반 대중들은 그렇게 생각하지 않은 듯했다. 단적으로 미국이 한국 분단 문제에 개입하고 미군을 한국에 주둔시키는 게 돈 낭비라고 생각했다. 왜 남의 나라를 자신들의 돈을 들여 지켜줘야 하는지 보통의 미국인들은 이해가 가지 않았다. 왜 남미의 정치, 경제에 미국이 개입해야 하는지 이해할 수 없었다. 많은 남미 사람들이 멕시코와 텍사스 사이에 있는 국경을 넘어서 미국 내 불법 취업자가 되어서 미국인들의 직업을 훔쳐간다고 생각했다. 트럼프는 미국과 멕시코에 장벽을 만들겠다는 다소 무모한 공약을 했지만 대중들은 이 공약에 열광했다. 투표권을 가진 대중들이 보기에 트럼프가 미국을 위해서 일할 수 있는 적임자라고 생각했다.

　트럼프가 대통령이 된 이후 트럼프는 미국 우선주의를 주장하며 국민들에게 미국이 다시 위대해질 것이라는 희망을 갖게 했다. 애플, 포드, GM 등 미국 내 글로벌 기업들이 자국 인건비가 비싸서 공장을 해외로 이전하려고 해도 트럼프 행정부가 이들이 공장을 미국에 건설하도록 압력을 넣었다. 많은 미국인들은 트럼프 대통령이 서민을 위한 일자리 창출을 한다고 생각하였다. 도요타, 현대차도 미국에서 많은 자동차를 팔지만 미국 내 공장에서 생산하는 것은 미국 내 판매량에 비하면 일부이다. 트럼프는 미국에 진출한 해외 기업에까지 미국에서 계속 장사를 하고 싶으면 미국에 공장을 지으라고 압박하였다.

2017년에는 한국에서 수입하는 철강에 최대 53%의 관세를 부과하고자 하였다. 우리나라는 협상을 통해서 관세 부과는 면제받았지만 미국으로 수출할 수 있는 철강의 양에 대해서 합의를 보았다. 자국 산업을 보호한다는 명분 아래 2018년 7월 10일에 미국은 중국에서 수입하는 약 224조 원어치에 달하는 제품에 10%의 관세를 부과하였다. 트럼프는 자국민들에게 확실하게 미국의 절대 힘을 바탕으로 미국 우선주의를 보여 주고 있고 미국의 서민들은 트럼프 정책에 지지를 보내고 있다.

지금 미국이 보여주는 자국우선주의는 보호무역주의라고 말할 수 있다. 미국 입장에서 해외에서 수입하는 제품은 "미국 기업들을 보호하기 위해서 미국 제품보다 가격이 저렴하면 안 돼. 그리고 미국 기업을 보호하기 위해서는 미국기업이 생산한 제품을 우선적으로 사용할 거야. 미국에서 장사하고 싶으면 미국에 공장을 만들어!"라는 것으로 경제적인 효율성을 무시하고 미국의 이익만을 외치고 있다. 이런 미국 일방주의는 타 국가들에게 반발을 불러일으켰고 중국도 미국에서 수입하는 제품에 관세를 부과하겠다고 했다. 미국이 자국과 거래하는 모든 국가에게 관세를 부과해서 수입장벽을 높이면 상대방 국가도 이에 보복해서 수입장벽을 높이고 있다.

트럼프 대통령은 자유무역보다는 보호무역을 통해서 미국의 권리를 지키고 미국의 강함을 자국민들에게 보여주려고 한다. 미국 국민 입장에서 이런 보호무역 미국 우선주의를 하면 국가에 대한 자부심도 올라가고 자신들이 이익을 얻을 것 같다고 쉽게 믿을 수 있다. 반대로 현재 우리나라 정부가 한국의 일자리를 빼앗는 조선족의 한국 내 취업을 금지하고 탈북민에 대한 인도적 지원을 거부한다면 많은 서민들은 정부의 조치에 열광할 것이다. 국내 기업을 보호하고 노동자의 일자리를 보호하기 위해서 중국산 저가 제품에 대해서 고율의 관세를 부과하거나 수입규제를 하면 국민들은 좋아할 것이다. 왜냐하면 단기적으로 이러한 조치들이 자신들에게 이익이 될 거라고 믿기 때문이다.

그러나 자유무역을 방해하는 여러 규제들은 단기적으로는 자국 기업들의 생산을 늘리고 자국민들의 고용을 늘려서 국민들에게 이득이지만 장기적으로는 모두에게 불이익이다. 우리나라에서 중국의 저가 부품 수입을 금지할 경우 우리나라에서 제조한 비싼 부품을 완제품을 만드는 데 사용할 것이다. 이는 곧 제품 가격의 상승을 의미한다. 제품 가격이 상승하면 기업은 이익이 되겠지만 가격이 너무 비싸져서 해외에서 우리 제품의 경쟁력은 낮아지고 결국 판매가 저조하게 된다. 이는 다시 공장가동률을 낮추어서 노동자의 수요를 떨어뜨린다. 결국 장기적으로는 우리나라 국민들이 보호무역으로 피해를 입게 된다.

트럼프 대통령의 보호무역은 단기적으로는 미국의 국익에 도움이 되지만 시간이 지남에 따라 미국과 교역이 어려워져서 미국인들은 지금보다 더 비싼 제품을 구입해야 하고 기업들은 지금보다 더 적은 제품을 팔게 되어서 미국뿐만 아니라 전 세계 모든 국가에게 손해가 발생하는 결과를 가져올 것이다. 그럼에도 불구하고 미국인들은 트럼프의 보호무역이 미국을 다시 위대하게 만들 거라고 생각하고 있다.

정치인들은 같은 현상을 다르게 설명하면서 일반 대중을 헷갈리게 할 수 있다. 내가 기억하는 유사한 사례가 우리나라에서도 있었다. 얼마 전에 아버지와 저녁 식사를 하면서 노동자가 생존권을 보장해 달라고 투쟁하는 뉴스를 같이 시청한 적이 있다. 노동자의 인터뷰도 들어보고 기업주의 인터뷰도 들었다. 그리고 어떤 당의 대표의 의견도 청취하였다. 당 대표의 의견은 쉬운 해고가 가능해야 기업들이 유연하게 경영해서 경쟁력을 보유할 수 있고, 기업들이 경쟁력을 보유하게 되면 더 많은 고용이 가능해서 국민 전체적으로 이익이라고 했다.

아버지와 정치적 이념을 같이하는 당 대표의 발언이기 때문에 아버지는 저 사람 말이 맞으니 쉽게 해고할 수 있는 법안을 마련해야 한다고 말씀하셨다. 나 역시 경제학을 공부했기에 노동자의 해고가 유연해야 경쟁력 있는 기업을 만든다는 것에 동감하였다. 그러나 이는 단지 효율성을 추구하는 경제학적인 관점이다. 정치는 효율성도 추구해야 하지만 사회정의도 추구해야 한다. 사회정의는 약자에게 더 많은 배려가 있을 때 달성될 수 있다. 그 당 대표가 말한 쉬운 해고는 기업 입장에서는 맞는 말이나 노조도 없는 사회적 약자인 노동자의 입장에서는 틀린 말이 될 수도 있다.

우리나라 고용시장은 매우 유연하지 못한 시장이다. 구직자가 나이 30만 넘어도 기업들은 단지 나이가 많다는 이유에서 채용을 꺼리거나 채용 시 감점을 주는 것이 현실이다. 내 나이 이제 40 중반을 바라보고 있다. 쉬운 해고로 인해서 지금 다니는 직장에서 쉽게 해고되면 난 어디로 가며 내 가족들은 어떻게 살아야 하나? 기득권을 지키자는 것이 아니라 쉬운 해고를 하기 위해서는 1차적으로 노동시장의 유연성을 확보한 후에 쉬운 해고를 해야 할 것이다. 엄연히 암묵적으로 나이에 대한 차별이 존재하는 우리나라 노동시장에서 쉬운 해고를 도입한다면 경제적 유연성은 확보할지라도 사회정의는 확보하지 못할 수 있다.

15세기에서 18세기에 아메리카 대륙을 발견하고 상업을 장려하는 많은 유럽 국가들은 자신들의 부를 지키기 위해서 중상주의 정책을 도입하고 실행하였다. 상대방 국가의 제품을 가장 적게 수입하고 자국 제품을 가장 많이 수출하려는 정책을 누구나 도입했다. 결국은 국가간 교역량이 현저하게 줄어들어서 피해는 서민들만 보게 되었다. 국가 간 무역이 감소하다 보니 상인들은 제품을 자국에만 팔 수 있게 되었다. 그러므로 서민들은 비싼 제품을 울며 겨자 먹기로 구입할 수밖에 없었고 결국 부자와 가난한 사람들의 빈부의 격차만 더 커졌다. 트럼프의 '미국을 다시 위대하게'는 결국 트럼프를 지지했던 서민들에게 부메랑이 되어서 그들을 더 어려운 경제적 삶 속으로 떠밀 것이다.

알기 쉬운 경제학

절대우위 vs 비교우위

절대우위와 비교우위라는 용어는 무역이론에서 나오는 용어이다. 이 이론을 간단하게 설명하자면 절대우위는 어떤 특정 분야에서 상대국보다 잘하는 분야가 있어야 무역 혹은 교환이 이루어질 수 있다는 이론이다. 축구선수 손흥민은 나보다 축구를 잘한다. 나는 손흥민보다 라면을 잘 끓인다. 그래서 손흥민은 나에게 축구를 가르쳐 주고 나는 손흥민에게 라면 끓이는 법을 알려 줄 수 있다. 이러면 우리는 서로에게 이득이다.

비교우위는 모든 분야에서 상대국보다 잘하더라도 두 국가 간에 무역 혹은 교환이 이루어질 수 있다고 주장하는 이론이다. 손흥민은 정말 엄친아다. 나보다 축구도 잘하고 라면도 잘 끓인다. 지금이 영국 프리미어리그 시즌이다. 손흥민은 라면을 나보다 잘 끓이지만 자신이 끓여 먹지 않고 나보고 끓여 달라고 한다. 아무리 손흥민이 나보다 라면을 잘 끓여도 손흥민 입장에서 시즌 중에 라면 끓이는 데 시간을 쏟기보다 훈련하는 데 시간을 쏟는 것이 더 유리하기 때문에 손흥민은 라면을 나에게 끓여 달라고 한다.

손흥민이 나보다 모든 것을 잘하지만 라면을 끓이는 데 시간을 쏟는 것은 손흥민에게 매우 부가가치가 낮은 행동이다. 손흥민의 시간은 제약되어 있기 때문에 시간당 가장 높은 효율을 낼 수 있는 곳에 집중하는 것이 자신에게는 유리하다. 그러므로 자신이 남들보다 다 못하더라도 혹은 다 잘하더라도 상대적으로 잘하는 분야에 집중하는 것이 모두를 위해 이득인 것이 된다.

세상에는 수많은 엄친아들이 있다. 이들이 운동, 공부, 게임 모든 분야에서 나보다 잘한다. 그러면 이들은 모든 분야를 해야 할까? 아니다. 자신이 시간을 투입해서 가장 효율이 높은 분야에 집중하는 것이 엄친아 입징에서는 가장 많은 것을 얻을 수 있는 것이다. 이런 것을 보고 전략적 포기라고도 한다. 내가 남들보다 더 잘할 수 있지만 상대적 효율이 낮기 때문에 하지 않는 것이다.

우리나라는 1960년대 섬유공업으로 경제가 성장했다. 그러나 지금은 반도체 등 첨단 산업 분야에서 세계 선두를 달리고 있다. 우리나라는 베트남 같은 동남아시아 국가에서 섬유 제품을 수입해서 사용한다. 우리나라가 베트남보다 더 품질 좋은 섬유제품을 만들 수 있는데도 불구하고 우리는 섬유를 수입한다. 왜냐하면 1시간 동안 반도체를 만드는 것이 1시간 동안 섬유 제품을 만드는 것보다 더 부가가치가 높기 때문이다. 그러므로 우리나라는 섬유제품 만드는 것을 포기하고 반도체 생산하는 것에 집중하는 것이다.

누구에게나 시간은 공평하게 주어진다. 시간이 제약된 상황에서 시간당 효율을 가장 잘 낼 수 있는 곳에 집중하는 것이 본인에게 가장 좋은 것이다. 비교우위는 나보다 어떤 분야를 못하는 사람들에게

알기 쉬운 경제학

기회를 주려는 인정 있는 마음에서 나오는 것이 아니라 나의 이익을
극대화하기 위한 이기심에서 나오는 것이다.

 **개념 정리**

- 보호무역주의

  자국의 산업을 보호하기 위해서 국제무역에 정부가 개입하는 무역제도

- 자유무역주의

  국제무역에 정부가 개입하지 않는 무역제도

- 절대우위

  특정 제품이나 서비스가 다른 나라보다 절대적으로 저렴하게 생산할 수 있다면 이러한 재화나 서비스에 특화되어 무역하면 이익이 된다는 주장

- 비교우위

  특정 제품이나 서비스가 다른 나라보다 절대적으로 비싸게 생산하더라도 생산의 기회비용이 타 국에 비해서 낮다면, 생산의 기회비용이 타국보다 낮은 제품이나 서비스를 생산하여 무역하는 것이 이익이 된다는 주장

- 중상주의

  전 세계적인 자본과 무역의 총량이 고정되어 있다면 자본을 더 많이 확보함으로써 국가가 번영할 수 있다는 경제이론으로 15세기에서 18세기에 유럽에서 유행하였음

알기 쉬운 경제학

생각해 볼 주제

경제학은 우리에게 경제가 어떻게 상호작용해서 그 결과물이 어떻게 나오는지 알려준다. 사회에서 발생하는 많은 문제들을 우리는 경제학적으로 접근할 수 있다. 경제학을 공부하면 경제 현상을 이해하고 나아가 경제 현상이 가져올 결과와 우리의 미래까지 예상해 볼 수 있다. 그래서 경제학을 통해서 우리는 많은 사회문제를 해결할 수 있을 것이다.

파란 신호등이 켜졌는데도 앞차가 출발하지 않아서 보복운전을 하고 급기야 이 보복운전은 폭행으로 이어져서 양쪽 모두 손해를 보는 경우가 발생했다. 출퇴근 시간에는 막히는 길에서 서로 먼저 가겠다고 하며 더 길을 막히게 한다. 어떻게 하면 이런 갈등을 해결할 수 있을까?

몇 년 전 알파고와 이세돌의 바둑 시합은 알파고의 승리로 끝났다. 인간의 자존심을 회복하기 위해서 중국의 바둑 천재인 커제와 알파고가 다시 시합을 했는데 알파고의 압도적인 승리로 끝났다. 이 결과를 보고 사람들은 인류 기술 발전에 대해서 찬사를 보내는 동시에 인류가 만들어낸 인공지능과 로봇이 우리를 지배할 것이라는 불안감을 표출하기도 했다.

경제학이 우리 삶의 어디까지 들어왔고 앞으로 어떤 역할을 할지 이번 장을 통해서 알아보겠다.

애덤 스미스와 존 내쉬의 1:1 매치

대학교 1학년 때 김수행 교수가 번역한 『국부론』을 구입해서 읽었다. 책의 생김새부터 범상치 않았다. 진한 회색과 두꺼운 겉표지는 마치 '나는 너 따위가 읽을 수 있는 책이 아니야'라는 말을 하는 것 같았다. 그래도 경제학을 공부하는데 경제학의 아버지가 지은 책, 경제학의 시초라고 불리는 책을 읽어 봐야 하지 않겠냐는 사명감으로 보게 됐다. 지금 다시 그 책을 보면 어떻게 이렇게 재미없는 책을 다 읽었을까 하고 신기하기까지 하다. 읽는 내내 그만두고 싶었지만 왠지 모를 오기가 생겨서 결국 다 읽었다. 다 읽고 나서 기억나는 건 핀 만드는 공장과 보이지 않는 손뿐이었다.

애덤 스미스는 국부론에서 우리의 이기심이 이 사회를 더 발전시킨다고 했다. 정말 그럴듯했고 실제로 그래 왔다. 어느 날 프린스턴을 졸업한 천재 수학자인 존 내쉬가 애덤 스미스의 이론에 반기를 들었다. 존 내쉬는 여러 사람들이 자기만을 위한 이기심으로 행동할 때보다 남을 위한 배려와 협업을 할 때 공동체의 목표는 더 잘 달성된다고 주장하였다. 그는 게임이론을 만들면서 이기심이 아니라 협업이 더 많은 것을 만들어 낸다고 증명하였다.

　　존 내쉬의 생애를 다룬 영화 〈뷰티풀 마인드〉에서 존 내쉬 역을 맡았던 러셀 크로우는 친구들과 술을 마시며 즐거운 시간을 보내고 있었다. 그 와중에 한 무리의 여학생들이 술집에 들어오고 존 내쉬는 그 여학생들을 보면서 우리 모두가 가장 매력적인 여학생에게 대쉬를 한다면 어떤 일이 발생할지 생각한다. 아마도 대쉬를 받지 못한 여학생은 기분이 나빠져서 나머지 여학생들에게 집에 가자고 훼방을 놓을 것이며 결국 우리는 그 여학생들과 즐거운 시간을 갖지 못할 것이라는 예상을 한다. 여기서 러셀 크로우는 그럼 전체의 목표를 달성하기 위해서는 우리 중 누군가가 희생을 해서 덜 매력적인

　　　　　　　　　　　　　　알기 쉬운 경제학

여학생의 파트너가 되어 준다면 모두가 소기의 목적을 달성하면서 즐거운 시간을 보낼 것이라고 생각했다. 영화상에서는 이 일이 동기가 되어 게임이론을 박사학위 논문으로 제출한다.

존 내쉬의 주장은 공동체의 가장 높은 목표를 달성하기 위해 누군가가 희생한다면 각자가 이기심을 발휘했을 때보다 더 크고 만족스러운 목표를 달성할 수 있다고 한 것이다.

나는 아침에 아내가 자가용으로 회사까지 데려다준다. 회사까지 가는 길에 교차로가 나오고 우리 차는 좌회전을 해야 한다. 그러나 그 교차로는 늘 교통량이 많은 곳이라서 좌회전하는 차들이 꼬리 물기를 한다. 그러면 꼭 좌회전 신호는 없어지고 직진 신호가 된다. 꼬리 물기를 한 차가 사거리의 한복판에 떡 하니 있어서 직진하는 차들은 직진도 못하고 교차로가 차들로 늘 뒤엉키게 된다. 이런 상황이 매번 반복이다. 이런 상황이 반복될 때마다 나와 아내는 미국에서 운전하던 때를 이야기한다.

미국에서 운전해도 유사한 경우가 자주 발생한다. 지금 좌회전을 해야 하지만 앞차가 교차로 한복판에 있어서 지금 좌회전을 하면 직진 신호로 변경 시 분명히 내가 교차로 한가운데에 있어서 직진하는 차들의 교통을 방해할 것이라는 생각이 든다. 이 경우 나뿐만 아니라 대부분의 미국 운전자들은 꼬리 물기를 하지 않는다. 꼬리 물기를 하지 않더라도 내 뒤에 있는 운전자는 나에게 왜 꼬리 물기를 안 하냐며 경적을 울리지 않는다.

이러한 예를 통해서 우리나라의 운전자들을 비하하고 싶음 마음은 전혀 없다. 내가 약 6년간의 미국생활로 겪은 바 우리가 생각하는 것만큼 미국인도 시민의식이 높지 않다. 그저 그들도 인간이기 때문에 과속을 하고 싶으나 과속했을 때 벌금이 많아서 과속을 안 하는 것뿐이다.

내가 미국에 있을 때 백인 경찰이 자신의 지시에 불응한다고 흑인 소년에게 총을 발사해서 흑인 소년이 죽은 안타까운 사건이 있었다. 이 일이 인종차별이라는 갈등으로 표출되면서 흑인들의 대규모 폭동이 일어났다. 이를 통해 보면 우리나라 사람들은 사회적인 현상의 결과가 마음에 들지 않는다고 폭동을 자주 일으키지는 않는다. 수십만이 광화문에 모인 촛불 시위에서 본 것처럼 우리는 질서를 지키고 시민의식이 높다. 아마 미국에서 광화문처럼 수십만의 인파가 모였다면 그 자리에는 경찰도 수십만이 있었을 것이다. 미국은 법을 어겼을 때 이에 대한 처벌이 우리보다 상당히 강하기 때문에 그 처벌이 무서워서 법을 준수하는 경우가 많았다.

위의 교차로의 꼬리 물기처럼 아마도 미국인들의 시민의식이 뛰어나서 꼬리 물기를 하는 것이 아니라 꼬리 물기를 해서 다른 차들의 통행을 방해하면 많은 벌금이 부과되기 때문이 아닐까 조심스럽게 추측해 본다. 물론 우리나라에서도 꼬리 물기는 도로교통법상 불법이다. 그러나 꼬리 물기로 인한 벌금이나 처벌이 약해서 시민의식이 성숙했으나 여전히 꼬리 물기 현상이 나오는 것이라고 생각한다.

존 내쉬 이론에 의하면 내가 이기심을 버리고 타인을 위해 꼬리 물기를 하지 않으면 교통량의 흐름이 좀 더 수월해져서 극심한 교통

정체가 발생하지 않을 것이다. 즉, 나의 이타심이 공동체에게는 더 큰 효용으로 다가갈 수 있다는 것이다. 이 역시 공동체의 큰 효용을 추구하기 때문에 자발적으로 희생할 수 있는 것이다.

일견 애덤 스미스와 존 내쉬는 상반된 내용을 주장하지만 본질은 같은 것이다. 애덤 스미스가 이야기하는 이기심이 남이 죽든 말든 내가 원하는 것을 얻으면 된다는 뉘앙스의 이기심은 아닐 것이다.

본래 원하는 목적을 달성하기 위한 그 목표달성이 이기심일 것이다. 즉, 목표달성이 나의 행복에만 국한된다면 그에 맞는 이기심을 발휘할 것이며 목표달성이 우리 공동의 목표라면 그에 대한 이기심이 발생할 것이다. 공동의 목표달성을 위한 이기심이 존 내쉬가 말한 서로가 협력해서 더 큰 파이를 만들어 내는 게임이론의 영역이다. 나의 행동이 상대방의 다른 행동을 유발하기 때문에 나의 행동으로 상대방의 행동까지 고려한다면 우리 모두가 각자의 행동만을 추구할 때보다 더 좋은 결과를 가져올 수 있다고 믿는 것이다.

조용한 도서관에서 내가 친구와 시끄럽게 수다를 떨었다. 이를 보고 누구도 제지하지 않자 다른 어떤 사람은 이어폰으로 듣던 음악을 이어폰을 빼고 듣기 시작했고 누구는 유튜브를 이어폰 없이 기계에서 나오는 소리로 듣는다. 나의 작은 수다로 인해 도서관 전체가 시장처럼 소음으로 가득 찼다. 결국 나는 옆 친구와의 대화 소리도 들리지 않고, 유튜브 소리, 음악 소리도 잘 들리지 않고 오직 소음만이 들린다. 이것이 단순한 이기심을 추구했을 때 발생하는 상황이다. 그러나 우리가 조금만 생각하면 나의 이기심으로 나 역시 피해를 받을 것을 알기에 나는 친구와 대화가 필요할 때는 타인을 위해서, 근본적으로는, 나를 위해서 도서관 밖에서 수다를 떠는 것이다.

어릴 적 어머니가 이기적으로 살지 말고 이타적으로 살라고 하시는 말씀은 이타적으로 사는 것이 당장은 나에게 손해일지라도 긴 안목으로 보면 나에게도 이익이고 타인에게도 이익이기 때문에 그러한 말씀을 하지 않으셨을까 생각해 본다.

AI와 로봇이 가져올
인류의 미래

　내가 처음 인공지능을 접한 건 2014년 말이었다. 한 학기 수업이 끝나고 IBM의 인공지능인 왓슨(Watson)을 만든 팀이 우리 학교에 왔다. 이들은 왓슨에 대해서 설명해 주면서 왓슨이 어떤 분야에 사용하면 가장 인간에게 도움이 될 수 있겠느냐는 숙제를 우리에게 내주었다. 각 팀별로 왓슨의 활용 분야를 발표했고 가장 많이 나온 분야가 범죄, 의료, 재판이었다. 충분한 데이터를 축적하면 인공지능이 인간과 같이 판단하거나 인간보다 더 판단을 잘할 것이라고 학생들이 주장했고 IBM에서 온 직원들도 그럴 것을 기대한다고 하였다.

　그로부터 1년여가 흘러 2016년 3월에 알파고와 이세돌이 바둑 시합을 했다. 결과는 알파고가 4승 1패로 이세돌을 이겼고 이 사건으로 우리는 인공지능의 발전에 대한 놀라움을 갖게 되었고 동시에 인공지능이 어디까지 발전할지 모른다는 두려움을 갖게 되었다. 이미 인공지능의 능력을 보았던 터라 나에게는 그다지 관심이 가지 않는 주제였다.

　귀국하고 직장을 다니다 보니 사람들 모두 인공지능, 로봇, 생명과

학에 대해 이야기하며 지금이 인류가 겪는 4차 산업혁명이라고 했다. 개인적으로 산업혁명이면 뭔가 시끌벅적한 것을 기대했는데 그냥 조용한 느낌이었다. 뉴스나 서점에서만 4차 산업혁명에 대한 보도와 책들이 넘쳐나고 있다. 물론 실생활에서도 구글의 자율주행차를 보면서 세상이 변하고 있고 아마존 알렉사(Alexa)의 발전을 보면서 많이 변한다는 것을 느끼고는 있다.

그러던 와중 흥미 있는 기사를 읽게 되었다. 자동화로 인해서 잃게 되는 직업 20개와 자동화로 대체되기 힘든 직업 20개에 대한 기사였다. 로봇과 인공지능이 발진하면 단순한 업무들은 대부분 대체된다고 보았다. 그리고 그러한 발전은 우리 일자리를 뺏어간다고 하였다.

자동화 대체가 높은 직업 상위 10개	vs	자동화 대체가 낮은 직업 상위 10개
콘크리트공	1	화가 및 조각가
정육원 및 도축원	2	사진작가 및 사진사
고무 및 플라스틱 제품조립원	3	작가 및 관련 전문가
청원경찰	4	지휘자·작곡가 및 연주가
조세행정사무원	5	애니메이터 및 만화가
물품이동장비조직원	6	무용가 및 안무가
경리사무원	7	가수 및 성악가
환경미화원 및 재활용품수거원	8	메이크업아티스트 및 분장사
세탁관련 기계조작원	9	공예원
택배원	10	예능 강사

자료: 한국고용정보원

알기 쉬운 경제학

그 결과 2015년에서 2020년 사이에 잃어버리는 일자리는 약 710만 개이며 인공지능과 로봇의 발달로 생기는 일자리는 단지 200만 개라고 이야기했다.

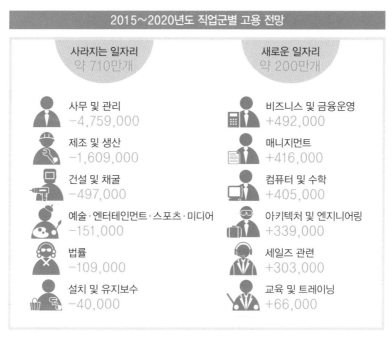

출처: 소프트웨어 중심사회, http://www.software.kr

이 기사에는 나오지 않았지만 인공지능의 발달로 의사, 펀드매니저, 애널리스트, 판사, 변호사, 검사, 회계사, 세무사 같은 전문 직종의 직업들도 설 자리를 잃을 것이라고 했다. 이러한 기사들을 보면 우리는 우울할 것이다. 단순 사무직이나 육체노동자도 로봇이 대체할 것이고 전문가 그룹조차 인공지능이 발달하면 대체할 것이다. 결국 우리는 일자리를 잃고 가난하게 되고 나아가 인간은 쓸모없는 존재가 되고 인공지능과 로봇의 지배를 받게 되지 않을까 우려도 된다.

증기기관이 발전하면서 산업혁명시대를 열었다. 증기기관의 발전으로 방직기를 만들고 이 기계들은 노동자의 일손을 빠르게 대체했다. 노동자들은 기계들이 자신들의 자리를 뺏는다고 기계를 파괴하는 러다이트 운동을 전개했다. 최근 인공지능과 로봇의 발달 때문에 극단적인 사람들 사이에는 인공지능과 로봇을 파괴해야 한다고 한다. 혹은 더 이상 인류를 위해 인공지능과 로봇을 발전시키면 안 된다고 주장하는 사람도 있다.

나는 인공지능과 로봇이 바꿔올 삶에 대해서 이야기하고 싶다. 인공지능과 로봇의 발달은 거스를 수 없는 대세이며 이는 분명 인류에 긍정적인 방향으로 작용한다고 생각한다. 앞으로 100년 후 정도면 인공지능의 지능은 인간과 유사하거나 인간을 뛰어넘을 수도 있고 우리와 거의 같은 육체적 행동을 수행할 수 있는 로봇이 출현할 수도 있을 것이다. 그럼 인간은 이들의 노예가 될까?

난 인공지능과 로봇이 인류를 노동의 고통에서 해방시켜 줄 것이라고 생각한다. 인공지능과 로봇은 미래 새로운 노예로 우리 대신 일을 할 것이라고 생각한다. 그 덕분에 우리는 노동의 굴레에서 벗어나서 진정으로 하고 싶은 일을 할 수 있을 것이다. 그 과정에서 더 많은 혁신이 일어나고 인류의 문화는 그 어느 때보다 번성할 것이라고 생각한다.

고대 아테네의 민주정치, 르네상스기의 문화혁명, 조선시대 양반들의 문화의 공통점은 이들에게는 생계에 대한 걱정이 없었다는 것이다. 생계에 대한 걱정, 즉 먹고사는 것에 대한 걱정이 없는 상황에서 더 고차원적인 욕구에 눈을 뜬다. 인정받고 싶고 자아를 실현하고 싶은 욕구가 우리를 더 자극할 것이다. 피타고라스가 무엇 때문에 수학을 공부했을까? 정약용이 유배지에서 무엇 때문에 그 많은 공부를 하고 책을 집필했을까? 그냥 수학이 좋아서 공부가 좋아서 그런 일을 했다. 정약용이 공부를 좋아하는 사람인데, 유배지에서 먹을 걱정 별로 안 하고 그렇다고 달리 할 일이 없어서 공부를 한 것이다.

우리에게 먹고 살 것에 대한 걱정이 사라지면 우리는 무엇을 할까? 그때 우리는 진정으로 우리가 하고 싶은 일을 할 것이다. 문화의 융성, 정치의 발전은 풍성한 경제적 바탕 위에 발생했다. 인공지능과 로봇은 우리를 대체해서 인류의 노예로서 인류를 노동에서 해방시킬 것이다. 다만 이것을 제도적으로 유지하기 위해서는 기본소득제가 필요하다. 기본소득제의 골자는 어떠한 일도 하지 않지만 국가에서 국민에서 일정 소득 이상을 주는 것이다. 예를 들어 인공지능과 로봇이 발달한 국가에서 1인당 현재의 가치의 돈으로 매월 1천만 원씩 준다면 어떤 일이 발생하겠는가? 돈을 더 모으고 싶은 사람은 뭔가 일을 더 할 것이고 그렇지 않고 기본 소득에 만족하는 사람은 돈과 관계없이 자신이 하고 싶은 일을 할 것이다.

자동화로 사라지지 않을 직업을 보면 그 직업들의 공통점은 인간의 창의성에 바탕을 둔 직업들이다. 이러한 영역들이 사라지지 않기 때문에 인간의 창의력은 그 어느 때보다 개발되고 우리는 진짜 파랑새를 찾아서 우리가 하고 싶은 일을 할 수 있을 것이다. 우리가 문명을 이루고 사람답게 살기 시작한 지 이제 약 12,000년이 흘렀다. 그 과정에서 유럽의 중세시대처럼 인류의 발전이 퇴보한 적도 있었지만 우리는 조금씩 앞으로 나아갔다. 경제성장을 하기 위해서는 플러스 성장과 마이너스 성장을 반복한다. 이러한 높고 낮음은 존재해도 우리는 앞으로 계속 나아갔다. 중세의 암흑기가 있었시만 12,000년이라는 긴 시간에서 본다면 잠시 주춤한 것일 뿐이다. 지금까지 잘해 왔듯이 앞으로도 서로가 공존하고 번영할 수 있는 사회를 만들 것이다. 난 인류의 더 좋은 것을 추구하는 마음을 강하게 믿는다.

알기 쉬운 경제학

 개념 정리

- 게임이론

상호의존적인 관계에서의 의사결정을 연구하는 경제학의 한 분야로 개인의 만족을 극대화하는 의사결정보다 전체의 이익을 극대화하는 의사결정의 결과가 더 많은 효용을 만들어 낼 수 있음

- 4차 산업혁명

정보통신 기술의 융합으로 이루어낸 최근에 발생한 기술혁명으로 학술적인 용어는 아니며 산업계에서 만들어낸 용어임. 1차 산업혁명은 18세기 후반에서 19세기 초반에 영국에서 방적기 등의 발명으로 생산성이 급격히 증가한 기술혁명이며, 2차 산업혁명은 19세기 중반에서 20세기 초반까지 독일과 미국에서 전기의 활용으로 발생한 과학학명이며, 3차 산업혁명은 1960년대에 컴퓨터에 의해서 발생한 과학혁명임

- 자율주행차

운전자 없이 인공지능을 통해서 스스로 운행하는 자동차